BEAUTY
CUSTOMER
SERVICE

뷰티 고객 서비스 실무

김효림 · 서현경 · 황혜원 공저

양 성 원

들어가며

현대사회에서 고객서비스는 단순한 응대 차원을 넘어 기업과 개인의 성공을 결정짓는 핵심 요소로 자리잡았다. 특히 미용산업과 같은 서비스 중심의 분야에서는 고객과의 소통과 신뢰 형성이 무엇보다 중요하다. 본 교재는 고객서비스의 본질을 이해하고, 이를 실무에 효과적으로 적용할 수 있도록 설계되었다.

이 책은 고객서비스 입문자부터 숙련도를 한층 더 높이고자 하는 전문가까지 모두를 대상으로 한다. 고객서비스의 의미와 중요성을 체계적으로 다루며, 현장에서 활용할 수 있는 실질적인 방법론을 제공한다. 또한, 셀프 체크리스트와 같은 자기평가도구를 통해 학습자 스스로 강점과 개선점을 점검할 수 있도록 구성하였다.

이 책은 총 3개 chapter로 구성하였다. chapter 1에서는 고객서비스에 대한 전반적인 이해, chapter 2에서는 고객서비스의 실제를 통한 실무능력 향상, chapter 3에서는 서비스의 사후 관리를 통한 고객의 관리를 수록하여 고객서비스의 이론에서 실무까지 이해하기 쉽도록 구성하였다.

특히, 활발한 교육을 통해 커뮤니케이션 능력을 강화하고, 미용산업 현장에서의 사례를 바탕으로 한 실무 적용력을 키우는 데 중점을 두었다. 고객서비스는 단순히 기술이 아니라 사람과 사람을 연결하는 예술이다. 이 교재가 여러분의 고객서비스 역량을 높이고, 고객과의 소중한 관계를 더욱 깊이 이해하는 데 큰 도움이 되길 바란다. 여러분의 열정과 노력이 더해져 고객에게 최고의 경험을 선사할 수 있기를 기대한다.

본 교재가 완성되기까지 많은 분들의 도움과 노력이 있었다. 고객서비스의 중요성과 실무 적용 방안을 체계적으로 정리하기 위해 다양한 자료와 선행연구를 참고하였으며, 이를 통해 교재의 내용이 더욱 깊이 있고 실질적으로 구성될 수 있었다.

특히 이 분야에서 선구적인 연구를 해주신 여러 연구자분들께 깊은 존경과 감사를 표한다. 또한, 출판 과정에서 아낌없는 지원과 조언을 주신 양성원 관계자분들께도 진심으로 감사의 말씀을 드린다.

이 교재가 고객서비스를 배우고자 하는 학습자들에게 유익한 길잡이가 되길 바라며, 이를 통해 더 나은 서비스와 소통의 가치를 실현하는 데 기여할 수 있기를 희망한다. 앞으로도 지속적인 피드백과 관심을 부탁드리며, 여러분의 성장과 성공을 응원한다.

2025년 2월

저자 일동

차 례

들어가며 / 3

Chapter 1 고객 서비스의 이해

Lesson 1 고객 서비스의 이해 13

1. 고객 서비스의 이해 13
2. 서비스의 특성 21

Lesson 2 인성과 이미지 29

1. 서비스 품질 29
2. 서비스 제공자의 인성과 이미지 33

Lesson 3 커뮤니케이션 43

1. 의사소통의 개념 43
2. 의사소통의 유형 47
3. 의사소통의 방법 52

Lesson 4 고객 응대 63

1. 자기소개하기 63
2. 인사하기 68
3. 표정과 자세 76

Lesson 5 전화 응대 85

1. 전화 응대의 중요성과 특징 85
2. 전화 응대 방법 88

Chapter 2 고객 서비스의 실제

Lesson 1 응대 서비스 101

1. 고객 응대의 중요성 101
2. 고객 응대하기 103

Lesson 2 고객 상담 109

1. 고객 관리하기 109
2. 고객 안내하기 116

Lesson 3 시술 시작 매뉴얼 119

1. 사전 샴푸 119
2. 시술 형태별 행동 121

Lesson 4 시술에 따른 응대 서비스 125

1. 커트, 드라이에 따른 멘트 및 동선 125
2. 퍼머에 따른 멘트 및 동선 137
3. 염색에 따른 멘트 및 동선 153

Lesson 5 마무리 고객 관리하기 169

1. 고객 만족도 조사하기 169
2. 홈케어 설명하기 170
3. 재방문 시기 안내하기 171
4. 제품 추천 구매 돕기 173

Lesson 6 정산 고객 응대하기 175

1. 현금 지불 175
2. 카드 지불 176
3. 포인트 적립 177
4. 선불카드 및 제휴카드 사용하기 177

Lesson 7 배웅하기 179

1. 인사하기 179
2. 엘리베이터 안내하기 180
3. 주차 확인해 주기 180

Chapter 3 서비스 사후 관리

Lesson 1 불만 고객 응대하기 187

1. 응대 방법 및 멘트 187
2. 불만 고객을 응대하는 여섯 가지 행동 원칙 190
3. 불만 고객 사후 관리 192
4. 사례 연구 195

Lesson 2 뷰티 서비스 기관 현장체험 197

1. 미용실 방문 보고서 작성하기 197
2. 피부관리실 방문 보고서 작성하기 198
3. 메이크업 체험 보고서 작성하기 199
4. 네일 체험 보고서 작성하기 200
5. 바버샵 방문 보고서 작성하기 201

Lesson 3 고객 관리하기 203

1. 고객 데이터베이스 관리하기 203
2. 고객정보 활용 동의서 받기 204
3. 시술 요금 사전고지 확인서 받기 206
4. SMS, DM, 온라인 등을 활용한 정보 제공하기 208

참고문헌 / 211

찾아보기 / 212

Chapter

1

고객 서비스의 이해

Lesson 1 고객 서비스의 이해
Lesson 2 인성과 이미지
Lesson 3 커뮤니케이션
Lesson 4 고객 응대
Lesson 5 전화 응대

Beauty Customer Service

Beauty Customer Service

Lesson 1

고객 서비스의 이해

1. 고객 서비스의 이해

1) 고객 서비스의 정의

고객 서비스(Customer Service)란 고객이 제품이나 서비스를 구매하거나 사용하는 과정에서 고객의 만족을 위한 지원과 도움을 말한다. 이는 고객의 요구를 충족시키고 문제를 해결하며, 긍정적인 경험을 제공하기 위해 기업이나 조직이 제공하는 모든 활동을 포함하는 것으로, 단순히 제품을 판매하는 것뿐 아니라, 상담, 사후 관리, 고객의 피드백 반영 등 고객과의 상호작용 전반에 걸친 모든 것을 의미한다.

서비스의 사전적 정의에는 두 가지가 있다. 첫째는 생산된 재화를 운반·배급하거나 생산·소비에 필요한 노무를 제공하는 것을 의미한다. 다른 하나는 개인적으로 남을 돕거나 시중을 드는 활동을 말하는데 이를 이 두 가지를 종합하면, '고객 서비스란 고객이 유·무형 상품을 구매하게 되는 모든 과정에서 갖게 되는 고객의 욕구와 기대를 만족시키기 위한 모든 활동'을 말한다. 이는 단순한 상품 제공을 넘어, 고객 만족과 신뢰를 구축하는 데 중요한 역할을 하게 된다.

따라서 고객에게 서비스를 제공하기 전에 고객이 무엇을 기대하고 욕구하고 있는지 확인하고 분석하는 과정이 필요하다. 또한 서비스 제공 후 그 과정을 점검하고 관리하고 다시 적용하는 것까지 고객 만족을 위한 서비스가 될 것이다.

> 고객 서비스란 '고객이 유·무형 상품을 구매하게 되는 모든 과정에서 갖게 되는 고객의 욕구와 기대를 만족시키기 위한 모든 활동'을 의미한다.

2) 고객 서비스의 모형

고객 서비스의 정의를 가지고 노정은과 최영희(2012)는 다음과 같이 뷰티 서비스 기본모형을 제시하였다.

(1) 고객의 니즈(needs) 파악

'고객이 무엇을 원하는가?'를 효과적으로 이해하는 것은 기업이나 조직이 성공적인 제품 및 서비스 개발, 마케팅 전략 수립, 고객 만족도를 높이는 데 있어 필수적이다. 이를 위해 고객의 특성을 다양한 기준으로 분류하고 분석하는 과정이 필요하다.

고객은 단일한 집단이 아니며 나이, 성별, 지역, 사회적 지위, 취향, 구매 행동 등에서 큰 차이를 보인다. 따라서 고객을 세분화하여 분석하면, 특정 집단의 공통된 요구와 선호를 파악할 수 있다. 이는 고객이 원하는 것을 정확히 예측하고, 그에 맞춘 상품이나 서비스를 제공할 수 있도록 돕는다.

고객 개개인의 특성은 다음과 같이 분류하여 파악할 수 있다.

- **지리적 변수:** 고객이 거주하는 지역, 인구밀도, 도시의 크기, 기후와 같은 요소를 분석한다. 예를 들어, 도시와 농촌 지역의 고객은 제품이나 서비스에 대한 요구가 다를 수 있다.

- **인구통계적 변수:** 고객의 연령, 성별, 가족 규모, 가족 수명 주기, 소득, 직업, 종교, 교육 수준 등을 포함한다. 이는 고객의 소비 패턴과 선호도를 이해하는 데 도움이 된다. 예를 들어, 젊은 층은 디지털 기기에 더 큰 관심을 보일 수 있다.

- **심리분석적 변수:** 고객의 사회 계층, 라이프 스타일, 개성, 관심사를 분석한다. 이는 고객의 심리적 동기와 구매 결정을 이해하는 데 유용하다. 예를 들어, 친환경적 라이프 스타일을 선호하는 고객은 지속 가능성을 강조하는 제품을 선호할 가능성이 크다.

- **행동분석적 변수:** 고객의 추구하는 편익, 사용량, 제품에 대한 충성도, 상표 충성도, 사용 상황, 가격 민감도, 제품 구매 빈도 등을 평가한다. 이는 고객의 구매 행동을 직접적으로 이해하고, 효과적인 마케팅 전략을 수립하는 데 도움을 준다.

고객의 심리

1. 환영 기대 심리

고객은 서비스 제공자의 상황을 고려하지 않고 항상 환한 미소로 환영받기를 원한다.

2. 독점 심리

고객은 서비스 제공자로부터 자신만을 위한 서비스를 받고자 한다. 고객의 독점 심리를 만족시키다 보면, 다른 고객들이 차별받는다는 생각을 갖게 할 수 있다. 따라서 서비스 제공자는 가능한 한 모든 고객들에게 동일한 서비스를 제공하기 위해 최선을 다해야 한다.

3. 우월 심리

"손님은 왕이다"라는 말처럼 고객은 자신이 서비스 제공자보다는 우월하다는 심리를 가지고 있다. 따라서 서비스 제공자는 자신은 겸손한 태도를 하고 고객을 존중하는 마음을 가지고 있어야 한다.

4. 보상 심리

고객은 자신이 비용을 지불한 만큼 손해보지 않고 더 좋은 서비스를 받기를 기대한다.

5. 자기 본위적 심리

고객은 자신의 생각과 가치 혹은 기분에 따라 사물과 상황을 바라보고 판단하는 경향이 있다.

출처: 박혜정(2013). 고객서비스실무. 백산출판사 p.77 수정 발췌.

생각해 봐요

① 나의 최근 구매 경험 분석하기(개별 or 그룹 발표)

: 자신이 최근 구매한 제품이나 서비스를 떠올리고, 구매 과정에서 어떤 심리적 요인이 작용했는지 분석한다.

② 왜 특정 브랜드를 선택하는가(그룹 발표)

: 인기 있는 브랜드를 선정하여 고객들이 해당 브랜드를 선호하는 이유를 심리적 관점에서 분석하여 발표한다.

(2) 시장 세분화

시장 세분화(Market Segmentation)는 전체 시장을 특정한 공통 특성을 가진 소그룹으로 나누는 과정을 말한다. 고객의 요구와 선호도가 매우 다양하기 때문에, 기업은 모든 고객을 동일하게 대하기보다는 각 그룹에 맞춘 제품, 서비스, 또는 마케팅 전략을 제공하기 위해 시장 세분화를 활용한다. 이를 통해 기업은 고객의 요구를 보다 효과적으로 충족시키고, 자원을 효율적으로 활용하며, 경쟁력을 높이는 마케팅 전략을 수립하고 실행할 수 있다.

시장 세분화의 목적은 다음과 같다.

첫째, 정확한 시장 상황을 보고 앞으로 있을 수요에 대하여 전략을 수립하기 위함이다.

둘째, 서비스 공급자의 강점과 기회를 활용할 수 있는 활동이나 고객을 찾기 위함이다.

셋째, 마케팅 활동의 방향을 정하기 위함이다.

넷째, 기존 세부시장에 대한 분석을 통해 기존의 성과와 고객의 반응 분석을 마케팅 전략에 활용하기 위함이다.

코틀러(Kotler, 2007)는 의미 있는 시장 세분화를 하기 위해서는 다음과 같은 내용을 고려해야 한다고 하였다.

첫째, 정보획득과 측정이 쉬워야 한다.

둘째, 세분화된 시장은 오랜 시간 동안 그 특성을 일관성 있게 유지하고 있어야 한다.

셋째, 구체적인 마케팅 전략을 활용할 수 있는 접근성이 있어야 한다.

넷째, 수익 창출이 가능한 실질성이 있어야 한다.

다섯째, 마케팅 전략이 실행 가능성이 있어야 한다.

(3) 표적시장(Targeting)의 선택

고객의 니즈 파악과 시장 세분화에 따라 시장을 세분화한 뒤, 그중에서 주된 서비스 대상을 설정하고, 서비스 제공전략을 세운다. 표적시장을 선택하고 주된 서비스 대상에 집중해서 서비스 제공자가 가지고 있는 자원을 고려하여 서비스 전략을 세울 수 있다.

(4) 포지셔닝 전략(Positioning)

포지셔닝 전략은 차별화된 서비스를 제공함으로써 고객 마음속의 특별한 위치로 인지할 수 있도록 하는 것을 말한다.

2. 서비스의 특성

1) 무형성(Intangibility)

서비스는 눈에 보이거나 만질 수 있는 물체가 아니다. 따라서 서비스의 가치를 평가하는 것이 어렵다. 그래서 무형적인 서비스를 유형화하는 것이 필요하다. 즉, 보이지 않는 서비스의 품질을 향상하고, 고객이 서비스의 경험을 예상하고 평가할 수 있도록 하는 노력이 필요하다.

예를 들어, 인터넷을 통한 정보 서비스는 업체가 날짜와 시간을 블록화하여 고객이 원하는 날짜와 시간에 표시하여 받을 수 있는 서비스를 말한다. 이러한 서비스는 무형화를 유형화로 나타내는 것으로 고객이 직접 경험 효과를 통해서 서비스를 감지하고 평가할 수 있게 한다. 이때 서비스의 품질은 '고객 만족'을 위한 고객의 욕구와 기대가 선행되어야 한다. 고객이 만족할 수 있는 서비스를 눈에 보이도록 나타낼 수 있도록 한다면, 서비스에 대한 가치가 높게 평가될 것이다.

2) 이질성(Heterogeneity)

서비스는 같은 서비스라 할지라도 서비스를 제공하는 사람들에게 따라 그 품질이 달라질 수 있다. 예를 들면, 음료를 받는 과정에서 고객의 실수로 음료를 떨어뜨렸다고 가정해 보자. 한 명의 서비스 제공자는 고객의 실수이기에 새로운 음료를 제공할 수 없다고 하고, 다른 한 명의 서비스 제공자는 고객의 실수일지라도 속상한 고객의 마음에 공감하여 새로운 음료를 제공하였다. 고객은 같은 상황에서 전혀 다른 서비스를 받았다고 생각할 것이며, 이에 따라 고객이 느끼는 서비스의 품질은 달라질 수밖에 없다.

서비스의 품질은 서비스의 제공자에 따라 많은 차이를 나타낼 수 있다. 그러므로 고객이 같은 장소에서 동일한 서비스를 제공받고 만족하기 위해서는 직원들의 표준화된 서비스 교육이 꼭 필요하다.

3) 비분리성(Inseparability)

서비스는 생산된 물건을 소비하는 것이 아니라 고객이 생산과정 안으로 들어와 직접 참여하는 특징을 가지고 있다. 예를 들어, 헤어샵에서 고객이 자신의 헤어스타일과 시술의 내용을 직접 정하고, 이에 헤어디자이너는 전문성을 가지고 생산하는 것을 말한다. 이때, 디자이너가 자신 분야의 전문성을 강조하려고 고객이 생산과정에 참여하고자 하는 것을 제지하거나, 그에 대한 욕구를 무시한다면 서비스에 대해서 불만족을 갖게 될 것이다. 따라서 비분리성을 극복하고 고객이 만족하는 서비스를 제공하기 위해서는 서비스 제공 인력에 대한 체계적인 관리와 교육을 통해 품질 관리가 이루어져야 한다.

4) 소멸성(Perishability)

서비스는 유형화된 상품처럼 나중에 다시 판매하거나 이용하는 것이 불가능하다. 따라서 수요와 공급을 균형 있게 관리하기 위한 전략(예: 예약 시스템, 프로모션)이 필요하다.

예를 들면, 헤어샵의 고객들은 대부분 주말이나 공휴일에 이용한다. 반면에 평일에는 주말이나 공휴일보다는 적게 고객들이 이용하는 편이다. 그렇다고 평일의 서비스를 저장했다가 고객들이 많은 주말이나 공휴일에 사용할 수 없음을 말한다. 이를 보완하기 위해서는 서비스 제공자의 제공 인력의 쉬는 날을 주중으로 옮기거나, 매장을 여는 시간과 닫는 시간을 고객이 가장 많이 이용하는 시간대로 조절하는 등의 서비스 제공 인력과 고객 이용 간의 조화를 가질 수 있도록 하는 것이 필요하다.

Activity

1. 내가 경험한 최고의 서비스는 무엇이었는가? 고객 서비스의 개념을 근거로 자신의 경험을 이야기해 보자.

2. 내가 생각하는 고객 서비스에 대해서 정의를 내려 보자.

3 나는 고객들에게 어떤 서비스 제공자로 기억되기를 원하는가?

4 고객 만족 성공 사례와 실패 사례를 조사하고 그 이유에 대해서 이야기해 보자.

고객 만족도를 향상시키는 방법

1 '고객이 원하는 것'은 고객에게 직접 물어보자

고객이 무엇을 원하는지 모르고 최고의 서비스를 제공할 수는 없다. 고객이 얼마나 서비스에 만족하고 있는지, 더 원하는 것은 없는지 주기적으로 체크해 보자.

2 만족도의 변화를 체크하자

고객 만족도를 파악할 때, 장기간에 걸친 조사가 필요하다. 과거의 수치와 비교해 보면서 끊임없이 고객 만족도를 향상시키기 위해 노력해야 한다.

3 고객의 피드백을 바탕으로 서비스를 개선하자

고객들의 피드백이 모두 서비스 개선에 도움을 주는 것은 아니다. 하지만 고객의 피드백을 듣고 서비스에 변화를 줌으로써 소비자들의 반응을 볼 수 있고, 이를 통해서 긍정적인 효과를 기대해 볼 수도 있다.

세계 최대의 낙농제품 전문매장인 'Stew Leonard'에서는 고객의 의견 중 채택된 안건을 24시간 이내에 반영하는 시스템을 시행하고 있다. 한 가지 사례로, 매일 신선한 생선을 진열해 놓았음에도 불구하고, 신선해 보이지 않는다는 고객의 피드백을 받았다. 조사해 보니 진열된 생선이 랩으로 포장되어 있는 것이 문제점이라는 것을 파악하고, 바로 다음 날 얼음으로 채운 투명한 진열대 위에 생선을 올려놓았다. 그 후 판매량이 두 배 이상 올랐다고 하니, 고객의 소리에 귀 기울여 성공한 대표적인 예이다.

4 고객의 요구에 재빨리 대응하자

신속하게 고객의 문의에 응답하는 것은 매우 중요하다. 고객의 메시지에 신경을 쓰고 있다는 것을 보여 주는 것만으로도 고객 만족에 상당한 효과가 있다.

5 고객 응대 시스템을 안정적으로 유지하자

이메일이나 SNS에서 고객의 문의에 답변하거나 빈번하게 발생하는 문제를 해결하는 전담팀을 만드는 것도 하나의 방법이다.

6 불만 사항이 접수되면 겸허히 받아들이자

고객들은 긍정적인 평가보다 부정적인 평가에 더 민감하다. 그렇기 때문에 불만 사항이 접수되면 문제가 없다는 점을 피력할 것이 아니라, 귀 기울여 듣고 정중히 사과하는 것이 더 좋은 결과를 가져올 수 있게 한다.

7 고객에게 지속적으로 정보를 제공하자

만약 고객이 문의를 했는데 곧바로 답변을 줄 수가 없는 상황이라고 해도, 지금 처리 중이니 나중에 연락을 달라는 식으로 매듭지어서는 안 된다. 계속해서 일이 어떻게 진행되어 가고 있는지 설명해 주어야 한다. 문제가 해결된 후에는 고객에게 바로 통보해 주고 또 다른 문제는 없는지 확인하는 작업을 통해 고객 만족도를 높인다.

8 상담 전화 대기 시간을 줄이자

글로벌 컨설팅 전문기업인 '엑센츄어'에서 2013년에 조사한 'Global Consumer Pulse Survey'에 따르면, 다양한 분야의 업종에서 고객들의 전화 대기 시간은 평균 56초였다. 그런데 상당수의 고객들은 40초가 넘어가면 그냥 전화를 끊어 버린다고 한다. 고객들을 기다리게 하는 것은 만족도에 큰 영향을 끼칠 수 있다. 따라서 전화 응대 직원을 늘리거나 전담 전화 응대자가 대기하는 방법을 통해서 고객 만족도를 향상시킬 수 있다.

9 단골 고객에게 더 많은 관심을 기울이자

오랫동안 여러분의 서비스를 각별히 사랑해 준 고객이 있다면 당연히 더 많은 관심을 기울여야 한다. 고객의 이름이나 직업 같은 개인적인 사항들을 기억하는 것만으로도 고객은 자신이 대우받고 있다는 느낌을 받는다. 단골고객은 반복해서 구매를 한다는 점은 물론, 주변인에게 추천을 하기도 한다는 점을 고려한다면, 고객에 대한 작은 관심은 미래를 위한 큰 투자가 될 수 있다.

출처: 위스켓블로그 2015.1.21. 내용 수정 발췌(http://blog.wishket.com).

Beauty Customer Service

Lesson 2

인성과 이미지

1. 서비스 품질

1) 서비스 품질의 중요성

서비스 품질은 고객 만족과 기업 성공을 결정짓는 중요한 요소라 할 수 있다. 고객은 단순히 서비스를 구매하는 것을 넘어, 그 과정에서의 경험과 감성적 만족을 통해 서비스를 평가하게 된다. 이는 특히 뷰티 서비스 분야에서 더욱 중요하게 적용되는데, 뷰티 분야에서 서비스는 고객의 외적 변화를 이루는 것뿐 아니라 전반적인 서비스 경험을 통해 심리적 만족감과 긍정적인 인상을 심어 주는 데 큰 영향을 미치기 때문이다.

서비스의 한 특성 중 하나는 무형성이다. 이는 서비스가 눈에 보이거나 만질 수 없는 특징을 가지는 것을 의미하는 것으로, 고객이 서비스를 구매하기 전에는 그 품질이나 성과를 직접적으로 평가하기 어렵다는 것을 말한다. 눈에 보이는 물리적인 제품과는 달리, 서비스는 형태가 없으므로 고객은 서비스 제공이 시작되어야 그 가치를 경험하게 된다.

예를 들어, 뷰티 서비스에서 고객은 헤어컷이나 피부 관리를 받기 전까지 결과를 알 수 없고, 서비스 과정 중의 경험과 최종 결과에 따라 만족 여부를 판단하게 된다. 이러한 서비스의 무형적 특징은 고객의 기대와 실제 경험 사이의 간격을 줄이는 것이 매우 중요함을 의미한다.

2) 서비스 품질을 높이는 방법

무형의 서비스 품질을 높이는 방법에는 두 가지가 있다. 첫 번째는 유형화할 수 있는 서비스를 제공하는 것, 즉 서비스를 고객이 볼 수 있도록 하는 것이다. 예를 들어, 매장의 인테리어를 고객이 편안하게 이용할 수 있도록 디자인하거나 고객이 기다리는 시간을 덜 지루하게 느끼도록 볼거리와 다양한 음료를 제공하고 선택할 수 있도록 하는 것이다.

또 다른 하나는 무형 서비스를 강화하는 것으로 서비스를 제공하는 사람의 친절한 행동과 밝은 미소, 신뢰를 보여 주는 언어적 표현, 고객을 이해하는 마음 등을 지니는 것을 의미한다.

파라슈라만 등(Parasuraman et al., 1988)은 서비스 품질을 높일 수 있는 결정적인 요인을 다음과 같이 5가지로 제시하였다.

신뢰성	약속한 서비스를 정확하게 제공하는 것
반응성	고객을 신속하게 도와주려는 의지의 표현
확신성	고객이 안심하고 이용할 수 있도록 확신을 심어 주기 위한 노력
공감성	고객 개개인에게 관심을 가지고 환대를 보여 주는 것
유형성	서비스 제공의 물리적 시설과 종업원의 복장, 외모, 태도 등 보여지는 표현 도구

파라슈라만 등(1988)이 제시한 서비스 품질의 결정 요인들은 고객이 서비스를 평가하는 데 중요한 기준으로 작용한다. 자이사믈 등(Zeithaml et al., 1990)은 이를 활용하여 미국 소비자 1,900명을 대상으로 서비스 품질에서 가장 중요한 요소를 조사했으며, 결과는 다음과 같다.

① 신뢰성(Reliability) – 32%

서비스가 일관되게 약속된 대로 제공되는 것을 의미하며, 고객 만족에 가장 중요한 요인으로 나타났다.

② 반응성(Responsiveness) – 22%

고객 요청에 신속하고 적극적으로 대응하는 능력을 의미하며, 즉각적인 문제해결과 세심한 응대가 고객의 만족도를 높이게 된다.

③ 확신성(Assurance) – 19%

서비스 제공자의 지식, 전문성, 정중함 등을 통해 고객이 느끼는 신뢰감과 안전감을 의미한다.

④ 공감성(Empathy) – 16%

고객의 개별적인 요구와 상황을 이해하고, 이에 맞춘 세심한 서비스를 제공하는 것이다.

⑤ 유형성(Tangibles) – 11%

서비스와 관련된 물리적 요소(설비, 장비, 직원의 외모 등)를 포함하며, 가장 낮은 비중을 차지했다.

조사 결과에서 볼 수 있듯, 고객은 유형적인 요소보다 무형적인 서비스, 특히 서비스 제공자의 태도와 전문성에 더 큰 중요성을 부여한다. 이는 고객의 경험과 만족이 서비스 제공자의 신뢰성, 응대 태도, 전문성 등과 밀접하게 연관되어 있음을 보여 준다.

특히 뷰티 서비스 분야에서는 신뢰성과 반응성이 중요한 역할을 한다. 고객은 원하는 스타일이나 피부 관리를 약속된 대로 정확히 제공받는 것을 원하며, 직원이 자신의 요구에 신속히 응해 주기를 기대한다. 이와 함께, 직원의 전문 지식과 친절한 태도는 고객의 신뢰를 강화하고 만족도를 높이는 데 필수적이다.

2. 서비스 제공자의 인성과 이미지

1) 서비스 제공자의 중요성

(1) 서비스 제공자가 서비스이다

고객 서비스의 접점에는 서비스 제공자가 있다. 따라서 고객 서비스의 최전방에 있는 서비스 제공자의 말 한마디, 행동, 예의범절은 고객이 서비스에 만족하느냐, 만족하지 않느냐에 결정적으로 작용하며, 더 나아가 고객의 불만 요인이 될 수 있다.

(2) 서비스 제공자가 회사의 대표이다

서비스 제공자가 고객 서비스의 접점에 있을 때는 회사의 대표가 된다. 왜냐하면 고객은 눈앞에 보이는 서비스 제공자를 회사로 보기 있기 때문이다. 따라서 고객에게 서비스를 제공하는 서비스 제공자의 개개인의 이미지와 행동은 곧 회사를 대표하는 이미지가 된다는 사실을 분명하게 인식해야 한다.

(3) 서비스 제공자는 성공 창출자이다

서비스 제공자가 서비스를 제공하는 최종 목표는 바로 판매 활동이다. 서비스 제공자가 가지고 있는 지식, 기술, 고객 응대를 통해서 이익이 창출하는 것이다. 이는 회사가 존재하는 궁극적인 목적이며, 서비스 제공자의 미래를 위한 행동이다.

2) 인성

(1) 인성의 의미와 중요성

인성은 개인이 갖추어야 할 바람직한 심성과, 사회적으로 요구되는 가치 있는 인격과 행동 특성으로 정의된다(박성미 · 허승희, 2015). 이는 개인적인 삶뿐만 아니라, 타인과의 관계를 형성하고 유지하는 데 있어서도 중요한 역할을 한다.

인간은 기본적으로 다른 사람들과 관계를 맺고자 하는 욕구를 가지고 있다. 이러한 관계에서 긍정적인 상호작용을 이루기 위해서는 상대방을 진심으로 존중하고 배려하는 태도, 즉 바른 인성이 필수적이다. 이러한 인성은 단지 개인적 차원의 미덕이 아니라, 사회적 조화와 협력을 이루는 데 있어 핵심적인 요소로 작용한다.

특히 서비스 제공자는 고객과의 관계를 형성하고 유지하며, 이를 통해 고객 만족을 실현해야 하는 역할을 가진다. 이 과정에서 기본적이고 바람직한 인성은 단순히 서비스의 품질을 높이는 요인이 아니라, 고객과의 신뢰를 형성하고 긍정적인 경험을 제공하는 데 결정적인 역할을 한다. 예를 들어, 고객을 존중하고 그들의 요구를 진심으로 배려하는 태도는 고객에게 신뢰감을 주며, 이는 단순한 서비스 제공을 넘어선 관계적 만족을 이끌어 낸다. 따라서, 인성은 서비스 제공자의 전문성과 함께, 고객 만족과 서비스 품질을 높이는 중요한 기반이 된다.

따라서, 바른 인성은 사람들과의 조화로운 관계를 위한 필수조건일 뿐만 아니라, 서비스 품질의 핵심 요소로 작용한다.

(2) 인성의 핵심 가치

① 예절

예절이란 "인간관계에 있어서 사회적 지위에 따라 행동을 규제하는 규칙과 관습의 체계"를 말하며, 생활방식 · 사고방식 · 사회풍조에 따라 다르게 나타난다. 예절은 일정한 생활문화권에서 오랫동안 생활 방법으로 정립되어 관습적으로 행해지는 사회 계약적인 생활 규범이다. 예절은 법규처럼 강제성은 없지만, 속해 있는 생활문화권에서 어길 경우 다른 구성원들로부터 소외당할 수 있다.

② 정직

정직은 어떠한 상황에서도 생각과 말, 행동을 거짓 없이 표현하여 신뢰를 얻는 것이다. 정직은 곧 신뢰이다. 정직에서 얻은 신뢰는 단순한 계약조건을 넘어 관계성의 지속성을 갖게 만드는 중요한 요인이 된다.

③ 책임

책임은 자신의 모든 행동의 결과에 대한 의무나 제재라고 할 수 있다. 책임은 도덕적 책임과 법적 책임으로 구분할 수 있다. 기본적으로 자신에게 주어진 권력을 남용하고 잘못된 결과에 대한 책임을 남에게 전가하거나 잘되면 내 탓이고, 못되면 남의 탓으로 책임을 돌리는 행위는 도덕적인 책임뿐만 아니라 최후에는 법적 책임까지 질 수 있게 된다.

④ 존중

존중이란 다른 사람들을 귀하고 중요하게 대하는 태도이다. 내가 하는 상대방에 대한 존중은 결국 상대방의 나에 대한 존중으로 돌아온다. 옛 속담에 '가는 말이 고와야 오는 말도 곱다'라는 말이 있듯이 인간사회는 내가 준 만큼 돌려받을 수 있다는 것이다. 그렇기에 나 자신을 위해서도 타인에 대한 존중이 필요하다.

⑤ 배려

배려란 인간관계 속에서 상대방을 이해하고 보살펴 주는 것을 말한다. 명심보감에 '남의 흉한 일을 민망히 여기고, 남의 좋은 일은 기쁘게 여기며, 남이 위급할 때는 건져 주고, 남의 위태함을 구해 주라'라는 말을 기억하고 행동한다면 힘든 사회생활이 외롭지 않을 것이다.

⑥ 협동

우리가 살아가는 사회는 혼자서 살아갈 수 없다. 왜냐하면 인간은 완벽하지 않기에 모든 것을 혼자서 해결하는 것에 한계가 있다. 따라서 많은 사람들과 한 가지 목표를 가지고 일하는 직장생활에서는 작은 일부터 서로 협력하며 힘을 합친다면 쉽게 좋은 결과를 얻을 수 있을 것이다.

3) 이미지

(1) 이미지의 정의와 중요성

이미지는 사전적으로 "어떤 사물에 대해 마음속에 떠오르는 직관적 인상"을 의미한다. 개인의 경험을 통해 형성된 이미지는 즉각적인 반응으로 시작되지만, 시간이 지나면서 마음과 생각에 저장되어 지속적으로 영향을 미친다. 특히 한 번 형성된 이미지는 쉽게 변하지 않으며, 긍정적인 경험으로 얻은 이미지보다 부정적인 경험으로 얻은 이미지는 더욱 강하게 남아 큰 자극이 없으면 바뀌기 어렵다.

이러한 이미지의 특성은 서비스 제공에서 매우 중요한 인사이트를 제공한다. 고객에게 긍정적인 이미지를 심어 주는 것은 서비스의 성공과 고객 만족을 위해 핵심적이라 할 수 있다. 특히 서비스의 초기 단계에서 형성된 긍정적인 이미지는 이후 고객의 전체적인 서비스 평가와 만족도에 큰 영향을 미치게 된다.

또한 한번 형성된 긍정적인 이미지는 단순히 고객의 만족도를 높이는 데 그치지 않고, 고객의 재방문 의사와 주변 사람들에게 전해지는 입소문 효과를 통해 간접적인 마케팅 효과를 만들어 낸다. 반대로 부정적인 이미지는 고객의 신뢰를 잃게 할 뿐만 아니라, 부정적인 구전을 통해 기업 평판에 부정적인 영향을 줄 수 있다.

(2) 대인지각

대인지각(Interpersonal Perception)은 다른 사람을 지각할 때 그의 성격 특질과 다양한 정보를 통합하여 하나의 일관성 있는 전체로 특징짓는 과정을 말한다. 이는 사람에 대한 첫인상을 형성하는 과정인 인상 형성과 깊은 연관이 있다. 따라서 대인지각은 단순히 외적 관찰을 넘어, 대상에 대한 복합적인 평가를 통해 이미지를 형성하게 되는 것이라 할 수 있으며, 우리의 대인 관계와 상호작용에서 매우 중요한 역할을 한다.

대인지각은 일반적으로 다음의 세 가지 주요 단계로 이루어진다.

① 정보 탐색(Observation)

대인 지각의 첫 번째 단계는 상대방에 대한 정보를 관찰하고 수집하는 것이다. 이 단계에서는 편견 없이 최대한 많은 정보를 수집하는 것이 중요하다.

- **행동 관찰:** 상대방의 표정, 말투, 몸짓, 옷차림 등 외적인 단서를 통해 정보를 얻는다.
- **상황 고려:** 상대방이 처한 환경과 상황을 분석하여 그의 행동을 이해하려 한다.

② 정보 해석(Interpretation)

두 번째 단계는 수집된 정보를 해석하여 상대방의 성격, 의도, 감정 등을 추론하는 것이다. 예를 들어, 정중한 태도를 보이는 사람은 "친절한 사람"으로 간주될 수 있는데, 이러한 해석 과정에서 부정확하거나 왜곡된 판단이 생길 가능성이 있으므로 주의가 필요하다.

- **개인적 경험:** 자신의 과거 경험이나 기존 지식을 바탕으로 상대방을 이해하려는 경향이 있다.
- **스키마 사용:** 사람들은 기존에 가지고 있는 고정관념이나 사회적 틀을 이용해 정보를 해석한다.

③ 평가 및 반응(Evaluation and Response)

마지막 단계는 해석한 정보를 바탕으로 상대방에 대해 판단을 내리고 행동으로 반응하는 것이다. 예를 들어, 상대방이 화가 나 있다고 해석하면 위로하거나 조심스럽게 대하려는 반응이 나올 수 있다.

- **평가:** 상대방의 행동이 긍정적인지, 부정적인지 판단하며, 이를 통해 그 사람에 대한 전반적인 이미지를 형성한다.
- **행동 선택:** 상대방에게 어떻게 말하거나 행동할지 결정한다.

정보 탐색 단계	정보 해석 단계	평가 및 반응 단계
· 상대에 대한 정보를 관찰하고 수집하는 단계 · 편견 없이 최대한 많은 정보를 수집하는 것이 중요	· 수집된 정보를 해석하여 상대의 성격, 의도, 감정 등을 추론하는 단계 · 부정확하거나 왜곡된 판단 주의	· 해석된 정보를 바탕으로 판단을 내리고 행동하는 단계 · 대상에 대한 전반적인 평가와 행동 선택

(3) 첫인상의 중요성

사람의 첫인상이 상대에게 전달되는 시간은 불과 5초밖에 되지 않는다고 한다. 처음 5초의 짧은 시간에 지각된 이미지는 상대방에게는 평생 기억에 남게 되어 있다. 이것은 숨겨진 내적 이미지와 성향을 확인하지 않고 보이는 모습만을 가지고 평가되기 때문에 일방적으로 인식된다. 더 나아가 이렇게 지각된 이미지는 상대방이 진짜 모습과 전혀 다르게 지각할 수 있는 오류를 보일 수 있으므로 첫인상에 대하여 중요하게 생각해야 한다.

(4) 첫인상의 심리효과

① 초두효과

처음 지각된 정보가 최종 판단에 큰 영향을 주는 것을 말한다. 예를 들어, 한 회사에 A와 B라는 사람이 입사하여 C 상사에게 A는 '성실한 이미지'로, B는 '대충대충하는 이미지'로 처음부터 낙인찍혔다. 그런데 공교롭게도 A, B 모두 같은 날 지각을 했을 때 C 상사는 성실한 이미지의 A에게는 "무슨 일이 있냐? 어제 늦게까지 야근해서 많이 힘들었냐?"며 이해하려는 태도를 취하고, B에게는 "그럼 그렇지!"라는 부정적인 판단을 하게 될 것이다.

이와 같이 같은 상황이라도 서로 다른 처음 이미지로 인해 최종 다른 판단을 하는 것을 '초두효과' 현상이라 한다.

② 후광효과

한 사람의 외모, 학력, 인기 등의 장점으로 인해 보이지 않은 내적인 특성까지도 긍정적으로 평가되는 현상을 말한다. 다시 말해, 한 가지의 커다란 장점으로 인해 다른 특성들도 모두 긍정적으로 평가하려는 경향을 말한다.

③ 부정성 효과

한 사람의 이미지 형상에 있어 긍정적인 특성보다 부정적인 특성을 더 강하게 인지하는 현상을 말한다. 사람들은 어떤 부정적인 정보가 나타나면 다른 긍정적인 정보보다 부정적인 것에 비중을 두고 인상을 평가한다. 다시 말해, 모든 것이 동일하다면 부정적인 특성들은 긍정적인 특성들보다 인상 형성에 더 많은 영향을 준다.

④ 맥락효과

처음에 들어온 정보가 나중에 들어오는 정보에 근거를 제공하는 현상을 말한다. 즉, 인지된 이미지가 나중에 형성되는 이미지의 판단기준이 되어 전반적인 맥락을 제공함을 말한다.

⑤ 대비효과

상대적으로 많은 매력을 가지고 있는 사람이 옆에 있으면 비교되어 오히려 자신에 대한 평가가 낮아지는 현상을 말한다.

Activity

양심적인, 정확한, 조용한, 거친, 검소한, 얼굴이 두꺼운, 주의 깊은, 경쟁적인, 반항적인, 즐거운, 고집 센, 여유 있는, 공격적인, 부끄러운, 영리한, 게으른, 민감한, 진지한, 부드러운, 소심한, 쾌활한, 부주의한, 예리한, 괴짜인, 요구하는, 창조적인, 용기 있는, 근심 걱정이 없는, 긍정적인, 끈기 있는, 내성적인, 단순한, 도움을 주는, 따뜻한, 사교적인, 생각이 깊은, 동정적인, 자기를 믿는, 자상한, 재빠른, 정직한, 깨끗한, 책임감 있는, 총명한, 친절한, 행복한, 현실적인, 호기심이 많은

1. 자기 자신을 잘 나타내는 단어를 10가지를 찾아 적어 보세요.

2. 자신에겐 없지만 갖고 싶은 성격을 찾아 적어 보세요.

3. 다른 사람이 말한 '나와 가장 어울리는 성격'을 찾아 적어 주세요.

4 나에 대해 친구가 말한 것과 자신이 생각한 것 중 같은 것과 다른 것이 무엇인지 적어 보세요.

- 같은 것:

- 다른 것:

5 서비스 제공자로 이미지 형성을 위해 노력해야 할 부분이 무엇이 있는지 적어 보세요.

Lesson 3

커뮤니케이션

1. 의사소통의 개념

1) 의사소통의 정의와 중요성

인간과 상호작용하는 모든 관계에서 자연스럽게 일어나는 의사소통은 바람직한 인간관계를 형성하고, 개인의 삶과 조직 생활에서 맡은 역할을 성공적으로 수행하기 위해 매우 중요하다. 효과적인 의사소통은 갈등이나 오해를 해소하고, 문제를 해결하며, 상대방과의 신뢰를 구축하는 데 중요한 역할을 한다.

의사소통(Communication)이란 개인의 생각과 감정을 상대방과 주고받는 과정을 의미한다. 이는 단순히 정보를 전달하거나 받는 것을 넘어, 이해와 공감을 통해 상호작용하는 중요한 과정이다. 의사소통(Communication)의 어원은 라틴어 "communicare"에서 유래하였다. 이는 "공유하다" 또는 "나누다"라는 의미를 지니는데, 사람들이 생각, 감정, 정보, 경험을 서로 전달하고 공유함으로써 서로 연결되는 과정을 나타낸다. 즉, 의사소통은 단순히 정보를 주고받는 것이 아니라, 상대방과 공감대를 형성하고, 의미를 나누는 활동이라 할 수 있다.

의사소통은 다양한 형태로 이루어진다. 언어적 표현(말이나 글)뿐만 아니라 비언어적 표현(표정, 몸짓, 눈빛, 목소리 톤)도 의사소통에 있어 중요한 요소로 작용한다. 따라서 의사소통은 단순한 말하기와 듣기 이상의 복합적인 과정이며, 이를 통해 사람들은 의미를 공유하고, 관계를 형성하며, 협력을 이끌어 낸다.

특히, 뷰티 서비스 분야에서는 고객의 요구와 기대를 정확히 이해하고 이를 서비스에 반영하는 과정에서 의사소통이 핵심적인 요소로 작용한다. 뷰티 서비스에서 종종 발생하는 상황 중 하나는 고객이 원하는 스타일이나 결과를 명확히 설명하지 못하거나, 뷰티 전문가가 이를 잘못 이해하는 경우이다. 이러한 오해는 고객의 불만족으로 이어질 수 있다.

하지만 효과적인 의사소통을 통해 고객의 기대를 자세히 파악하고, 그들의 의견에 귀를 기울이며, 필요한 경우 전문가의 관점에서 적절한 조언을 제공하면 이러한 문제를 사전에 방지할 수 있다. 예를 들어, 고객이 헤어스타일에 대해 “자연스러웠으면 좋겠다”고 요청했을 때, 전문가가 구체적으로 질문하여 “자연스러운 컬이 포함된 스타일을 원하시는지, 아니면 손질이 간편한 스타일을 원하시는지”를 확인하는 과정은 오해를 줄이고 결과를 성공적으로 이끄는 데 도움이 된다.

이러한 의사소통은 선천적으로 타고나는 것이 아니라 관심과 노력을 통해 발전할 수 있는 기술이다. 즉, 의사소통은 배우고 실천함으로써 누구나 더 나아질 수 있는 능력이라는 점에서 매우 중요하다. 경청과 명확한 표현, 감정 조절 등 다양한 기술을 연습하고 활용함으로써 긍정적인 소통 능력을 키울 수 있다.

의사소통(Communication)이란

- 개인의 생각과 감정을 상대방과 주고받는 과정을 의미
- 단순히 정보를 주고받는 것이 아니라, 상대방과 공감대를 형성하고, 의미를 나누는 활동
- 언어적 표현뿐만 아니라 비언어적 표현(표정, 몸짓, 눈빛, 목소리 톤)도 의사소통에 있어 중요한 요소로 작용
- 선천적으로 타고나는 것이 아니라 관심과 노력을 통해 발전할 수 있는 기술

2) 의사소통의 구성요소

의사소통은 송신자와 수신자가 메시지를 주고받으며, 서로의 생각과 감정을 공유하는 복합적인 과정이다. 송신자와 수신자, 메시지, 매체, 피드백, 맥락과 방해요소가 상호작용하여 이루어지는 것이다.

송신자는 메시지를 보내는 사람으로, 의사소통을 시작하는 사람이며, 소통 시 자신의 의도를 명확히 표현해야 한다. 메시지는 전달하려는 생각이나 정보로,

언어적 또는 비언어적 방식으로 구성되며, 수신자에게 명확하게 전달되는 것이 중요하다. 수신자는 메시지를 받는 사람으로, 이를 해석하고 이해한 뒤 피드백을 제공한다.

의사소통 과정에서 메시지는 매체(예: 언어적 · 비언어적 표현, 전화, 이메일)를 통해 전달되며, 이를 통해 적절한 전달 방법을 선택하는 것이 중요하다. 수신자가 송신자에게 반응하는 피드백은 의사소통이 원활히 이루어지고 있는지를 확인하게 해 준다. 또한, 의사소통은 맥락(환경적, 심리적, 사회적 상황)에 영향을 받으며, 이는 메시지의 해석과 반응을 결정짓는 중요한 요소다. 이 과정에서 방해 요소(소음, 심리적 스트레스 등)는 메시지의 전달과 이해를 저해할 수 있으므로 이를 최소화해야 한다.

예를 들어, 뷰티 업계에서 의사소통은 송신자(뷰티 전문가), 수신자(고객), 메시지(요구와 제안), 매체(언어, 비언어적 표현, 전화 등), 피드백(고객의 반응), 맥락(상황)과 방해 요소(소음, 용어 오해)가 유기적으로 작용하며 이루어진다. 이러한 요소를 효과적으로 잘 관리하면 고객에게 긍정적인 서비스 경험을 제공하고 만족도를 높일 수 있다.

송신자	자신의 생각과 감정을 전달하는 사람
수신자	송신자가 전달한 내용을 듣는 사람
정보	송신자가 수신자에게 전달하고자 하는 내용
피드백	의도한 대로 의사소통이 이루어졌는지 알려 주는 수신자의 반응
전달 매체	언어적 방법(말, 글), 비언어적 방법(표정, 시선, 목소리, 자세, 몸짓, 태도)

2. 의사소통의 유형

의사소통 유형에는 언어적 의사소통과 비언어적 의사소통이 있다. 일반적으로 언어적 의사소통이 가장 중요하다고 여기지만, 이와 동시에 자기 생각과 감정을 전달하는 사람의 표정이나 몸짓, 목소리 크기 등도 의사소통에 많은 영향을 준다.

(1) 언어적 의사소통

언어적 의사소통은 말이나 글을 통해 이루어지는 의사소통의 형태로, 생각과 정보를 가장 직접적으로 전달하는 수단이다. 현대에는 정보통신 기술의 발달로 인해 언어적 의사소통의 방식이 더욱 다양해졌다. 문자 메시지, 이메일, SNS 등 디지털 플랫폼을 통해 의사소통이 이루어지면서, 언제 어디서나 언어적 표현을 사용할 수 있게 되었다.

언어적 의사소통을 효과적으로 하기 위해서는 몇 가지 중요한 요소를 고려해야 한다.

① 대상에 맞는 언어적 표현 선택

전달하고자 하는 대상에 따라 적절한 어조와 언어를 선택해야 한다. 예를 들어, 고객에게는 공손한 어투를, 동료나 친구에게는 친근한 어조를 사용함으로써 상대방과의 소통이 더 원활해질 수 있다.

② 정직하고 명확한 표현

의사소통의 기본은 정직함이다. 정확하고 명확하게 의사를 전달하면 상대방이 혼란을 겪거나 오해하는 것을 방지할 수 있다.

③ 상대방의 이해를 고려한 전달

상대방이 쉽게 이해할 수 있는 단어나 문장을 사용해야 한다. 특히 전문적인 내용이나 복잡한 주제를 설명할 때는 간결하고 이해하기 쉬운 표현을 사용하는 것이 중요하다.

(2) 비언어적 의사소통

비언어적 의사소통은 언어를 사용하지 않고도 의사소통을 가능하게 하는 방법으로, 시선, 표정, 고객의 끄덕임, 복장, 말투, 음량, 말의 속도, 발음, 공간 거리 등 다양한 요소를 포함한다. 이는 언어적 의사소통을 보완하고 감정을 전달하는 데 중요한 역할을 한다.

비언어적 의사소통이 중요한 이유는 다음과 같은 기능을 수행하기 때문이다.

① 언어적 표현의 보완 및 강조

비언어적 의사소통은 언어적 표현을 강화하거나 강조하는 역할을 한다. 예를 들어, 미소를 지으며 "괜찮습니다"라고 말하면, 단순히 말을 하는 것보다 상대방에게 더 신뢰감을 줄 수 있다.

② 언어적 표현의 대체

비언어적 의사소통은 말을 하지 않아도 의미를 전달할 수 있다. 예를 들어, 고개를 위아래로 끄덕이는 행동은 긍정을 나타내고, 좌우로 흔드는 행동은 부정을 나타낸다. 또한, 표정이나 몸짓만으로도 의사를 명확히 전달할 수 있다.

③ 감정 표현

비언어적 의사소통은 감정을 표현하는 중요한 수단이다. 말로는 전하지 못하는 기쁨, 분노, 슬픔, 긴장과 같은 감정은 표정, 음성의 톤, 몸짓 등을 통해 효과적으로 전달된다.

(3) 비언어적 의사소통의 종류

비언어적 의사소통은 언어적 표현을 보완하고 대체하며, 감정을 전달하는 데 핵심적인 역할을 한다. 시선, 표정, 몸짓, 복장, 목소리 톤 등 다양한 형태로 나타나며, 상황과 맥락에 따라 상대방에게 중요한 메시지를 전달할 수 있다. 이를 효과적으로 활용하면 관계를 더 잘 구축하고 소통의 질을 높일 수 있다.

비언어적 소통 방법은 매우 다양하나 크게 다음의 내용들로 구분할 수 있다.

① 신체언어

신체언어는 몸의 움직임, 자세, 제스처 등을 통해 의사를 전달하는 비언어적 의사소통의 형태이다. 이는 대화 중 상대방의 의도와 감정을 이해하는 데 중요한 단서를 제공하며, 대화의 분위기를 조성하는 데 큰 역할을 한다. 특히 신체언어는 감정이나 태도를 즉각적으로 반영하며, 언어적 표현을 보완하거나 대체할 수 있다.

예를 들어, 팔짱을 끼는 자세는 방어적 태도로 표현되며, 고개를 끄덕이는 동작은 동의 혹은 긍정을 의미한다. 손짓으로 길을 안내하거나, 박수를 통해 칭찬을 표현하는 행동도 신체언어에 해당한다.

② 외향적 이미지

외향적 이미지는 개인이 외적으로 보여 주는 모습으로, 복장, 헤어스타일, 메이크업 등으로 구성된다. 이는 상대방에게 첫인상을 형성하고 비언어적 메시지를 전달하는 중요한 요소로, 특히 외향적 이미지는 말보다 먼저 상대방에게 전달되어 첫인상을 긍정적으로 형성하거나 관계를 발전시키는 데 중요한 역할을 한다.

예를 들어, 정장을 착용하면 전문성과 신뢰감을 나타내며, 캐주얼한 복장은 친근함과 자유로움을 강조한다. 또한, 메이크업과 헤어스타일을 상황에 맞게 연출하여 개인이 추구하는 특정 이미지를 전달할 수 있다.

③ 의사언어

의사언어는 언어적 내용 이외의 목소리의 특성과 사용 방식을 의미하며, 의사소통에 감정과 태도를 전달하는 비언어적 요소이다. 이는 목소리 톤, 음량, 속도, 억양, 끊김 등으로 구성되는데, 목소리의 톤이 높거나 낮음으로 감정 상태(기쁨,

분노 등)를 나타낼 수 있다.

예를 들어, 부드럽고 차분한 목소리는 상대방에게 안정감을 주며, 빠른 말투와 높은 톤으로 긴급한 상황을 전달할 수 있다. 말의 끝을 올리는 억양은 질문을 의미하고, 내리는 억양은 단정적인 의미를 전달한다.

신체언어	시선, 얼굴 표정, 고객 끄덕임, 몸과 손의 움직임, 자세
외향적 이미지	복장, 헤어스타일, 메이크업
의사언어	말투, 음량, 음조의 변화, 말의 속도, 발음

④ 공간언어

거리		**의미**
0~45cm	친밀한 거리	가장 친밀한 거리로 사적인 공간을 의미 가족, 부모, 연인, 자녀, 가까운 친구
45cm~1.5m	개인적 거리	개인적인 거리고 손을 뻗으면 닿을 수 있는 정도의 공간 공적, 사적 관계
1.2m~3.7m	사회적 거리	사회적 거리로 업무상 미팅이나 공식적인 상호 작용을 필요로 함
3.7m 초과	공적인 거리	공적인 거리로 대중 앞에 서서 편하게 연설할 수 있는 거리

3. 의사소통의 방법

1) 의사소통의 걸림돌

효과적인 의사소통을 방해하는 요소를 의사소통의 걸림돌이라고 한다. 이는 언어적, 비언어적 요소 모두에 영향을 미치며, 의사소통 과정에서 오해, 왜곡, 전달 실패 등을 초래할 수 있다.

특히 서비스 상황에서 의사소통이 되지 않으면 고객과의 상호작용, 요구 파악, 만족도에 직접적인 영향을 미친다. 즉, 고객의 요구에 대한 오해로 인해 서비스 품질 저하, 고객의 신뢰 손상 그리고 불필요한 갈등이나 반복 작업으로 인한 비효율적 상황 등이 벌어지게 되는 것이다.

의사소통의 걸림돌은 다음과 같다.

(1) 언어적 걸림돌

- **모호한 표현:** 명확하지 않은 말이나 전문 용어의 사용은 상대방이 의미를 정확히 이해하지 못하게 만든다.

  예 전문 용어를 사용
- **과도한 정보:** 한 번에 너무 많은 정보를 전달하면 상대방이 핵심 메시지를 놓칠 수 있다.
- **언어 차이:** 다른 언어나 방언을 사용하는 경우, 언어적 장벽이 의사소통을 방해한다.

(2) 비언어적 걸림돌

- **부적절한 신체언어:** 부정확한 제스처, 어울리지 않는 표정 등이 메시지와

불일치할 경우, 상대방이 혼란을 느낄 수 있다.

예 고객에게 긍정적인 내용을 말하면서 무표정을 유지하면 신뢰감을 주기 어렵다.

- **시선 회피:** 상대방과 눈을 마주치지 않으면 관심과 신뢰 부족으로 해석될 수 있다.
- **공간 거리 문제:** 너무 가까이 다가가거나 지나치게 멀리 있는 경우, 상대방이 불편함을 느낄 수 있다.

(3) 심리적 걸림돌

- **편견과 선입견:** 상대방에 대한 고정관념이 의사소통 과정에서 왜곡을 일으킨다.

  예 나이 많은 고객은 최신 스타일을 모를 것으로 생각하는 것
- **감정적 상태:** 화, 긴장, 불안 등 감정적인 요인은 메시지를 올바르게 이해하거나 전달하는 데 방해가 된다.
- **무관심:** 소통의 대상에 대한 관심 부족은 상대방의 말을 잘못 이해하거나 무시하게 만든다.

(4) 환경적 걸림돌

- **소음:** 물리적인 소음이 메시지를 전달하거나 듣는 데 방해가 된다.(예: 매장의 음악이 너무 크게 들리는 경우)
- **시간 부족:** 충분한 시간을 할애하지 못하면 상대방의 요구를 정확히 이해하거나 적절히 응답하기 어렵다.
- **부적절한 공간:** 의사소통을 진행하기에 적절하지 않은 장소는 집중력을 떨어뜨릴 수 있다.

Activity

앞에서 언급한 내용 외에 의사소통의 걸림돌이 되는 반응을 더 생각해 본다.

2) 경청

경청(Active Listening)이란 상대방의 말을 단순히 듣는 것을 넘어, 집중하고 이해하며 공감하는 태도로 상대방의 이야기에 주의를 기울이는 과정을 의미한다. 이는 단순히 듣는 "청취"와는 다르게, 적극적으로 참여하고 상대방의 메시지를 정확히 이해하기 위한 노력을 포함한다.

경청은 상대방의 언어적 표현뿐만 아니라, 비언어적 신호(표정, 몸짓, 목소리 톤 등)까지도 주의 깊게 관찰하며, 그 의도와 감정을 이해하려는 태도를 말한다. 효과적인 경청은 상대에 관한 관심에서부터 시작한다. 상대가 궁금하다면 관심을 가지게 되고, 그다음 말하는 장면에서 상대에 대한 주의를 집중하려는 마음을 내고(attention) 경청(active listening)을 하게 되는 것이다.

(1) ENCOURAGES

『상담의 기술』이라는 책에서 힐과 오브라이언(Hill & O'Brien, 1999)은 주의집중과 경청을 하기 위한 선행 작업으로 듣는 이의 자세와 태도에 대해 언급하고 있다. 모든 관계의 의사소통에서 경청이 필수적이지만 특히 심리상담을 하는 사람들은 경청이 필수적이기에 경청의 방법으로 참고해 볼 만하다. 그들은 듣기 위한 자세와 태도로 10가지를 언급했고 머리글자를 따서 ENCOURAGES라고 했다. 하나씩 살펴보자.

ENCOURAGES

- **E ......eye** 눈을 마주친다. 물론 과도한 눈 마주침이 아니라 적절하게 눈을 마주친다.
- **N ......nods** 상대의 말에 고개를 끄덕이며 수긍한다.
- **C ......cultural difference** 상대와 나 사이에 문화적 차이가 있을 수 있음을 인정한다.
- **O ......open space** 상대를 향해 열린 자세를 취한다.
- **U ......umm** '음...'과 같이 상대의 말을 인정하는 반응을 한다. '그랬군요... 계속 이야기하세요.'라는 메시지를 전달하는 효과가 있다.
- **R ......relax** 몸과 마음을 이완하여 편안하고 자연스럽게 대한다.
- **A ......avoid** 자주 웃는다든지, 손을 많이 움직인다든지 하는 산만한 행동을 피한다.
- **G ......grammatical style** 상대방이 쓰는 말투에 어느 정도 보조를 맞추어 반응한다.
- **E ......ear** 세 번째 귀로 듣는다. 즉, 상대의 말의 이면을 생각하고 이해하며 언어적 메시지와 비언어적 메시지에 모두 주목을 한다는 뜻이다.
- **S ......space** 적절한 스페이스, 즉 공간을 유지한다. 너무 가까이 앉거나 너무 멀리 앉아 있지 않도록 한다.

(2) 내용을 정확히 파악한다.

상대의 말을 정확히 파악하는 것은 효과적인 의사소통에서 가장 기본이자 중요한 요소이다. 비록 당연한 것처럼 보이지만, 현실에서는 상대의 말을 제대로 이해하지 못해 오해가 발생하거나 커뮤니케이션이 어긋나는 경우가 자주 발생한다.

특히 상대의 말이 길어지거나, 상대가 주어와 목적어를 생략한다든지 하면 듣는 이가 정확한 내용 파악을 못하게도 된다. 또 듣는 사람이 주의 집중을 제대로 못하거나 맥락을 이해하지 못했거나, 자신의 선입견으로 내용을 짐작하고도 확인하지 않았을 때 커뮤니케이션은 정확하게 되지 않고 오해가 빚어지게 되거나 일이 틀어지게 된다.

(3) 재진술과 반영

심리 상담에서 상담자가 경청의 기법으로 많이 쓰는 것이 몇 가지 있다. 상대의 말을 짧게 요약하여 내용을 확인하기도 하고 상대의 말을 비슷한 표현으로 다시 말하는 것을 재진술이라고 한다. 혹은 반영하기라고 하여 '지금 말한 것은 ~~입니까?'와 같이 내용을 확인하기도 하는 것도 경청을 잘하기 위한 한 방법이다.

(4) 모르면 질문한다.

다 이해하지 못했으면서도 아는 것처럼 고개를 끄덕이고 그 자리를 나온 다음에 곤란해 하는 경험을 많이 해 보았을 것이다. 모르는 것을 물어보지 않는 것은 어떤 이유 때문일까.

자신이 이해한 것으로 생각했을 수도 있다. 그럴 때는 자신이 이해한 것이 맞는지 요약을 하여 '이러이러한 이야기이지요'라고 하는 것이 필요하다. 그렇게 하다 보면 상대는 맞는지 틀리는지를 이야기해 주게 되고, 다시 한번 중요점을 강조하게 되면서 오해가 되는 부분을 없앨 수 있다.

또한 말하는 사람은 자신이 한 이야기에 질문하는 상대에 대해 내용에 관심이 많다고 여기게 되므로 오히려 더 좋은 인상을 받을 수 있게 된다. 따라서 더 열심히 가르쳐 주게 되므로 관계에 긍정적인 영향을 주게 된다.

3) 말하기

말하기란 자신의 느낌과 생각, 욕구를 효과적으로 표현하는 것이다. 효과적으로 이야기를 하게 되면 상대방에게 진심이 전달되고, 불필요한 갈등이나 오해 없이 더 나은 의사소통이 이루어지게 된다.

효과적인 말하기는 쌍방이 서로 존중하면서 자신의 진심이 상대방에게 전해지고, 상대방의 진심도 나에게 전달되어 서로 합의점을 찾아나갈 수 있도록 하는 것을 의미한다. 따라서 상대방을 조정하고 통제하는 말하기 기술과는 구별된다.

의사소통은 상호작용을 통해 이루어지므로 한 사람이라도 효과적인 말하기를 한다면 불필요한 갈등이나 오해를 줄이고, 서로의 욕구를 이해하고 합의해 나갈 수 있다. 이러한 말하기는 상대방을 온전히 존중할 때 가능하며, 따라서 효과적인 말하기는 결국 자신과 상대방에 대한 이해를 넓히고 수용하는 과정이다.

효과적인 말하기를 위한 방법은 다음과 같다.

- **명확한 표현:** 자신이 원하는 바와 감정을 구체적으로 표현한다.
  예 "이 스타일은 저에게 너무 강한 인상을 줄 것 같아요. 좀 더 부드러운 스타일을 원해요."

- **상대방에 대한 배려:** 자신의 의견을 말하면서도 상대방의 입장을 존중한다.

  예 "선생님께서 추천해 주신 스타일도 좋지만, 제가 원하는 느낌은 조금 다릅니다."

- **감정의 전달:** 말에 감정을 담아 진심을 전한다.

  예 "저는 정말 자연스러운 느낌을 좋아해서, 이 스타일이 마음에 들어요."

- 적극적인 피드백: 대화 중에 상대방의 반응을 살피고, 적절히 대응하며 대화를 이어 간다.

  예 "말씀하신 내용을 들어보니, 그 스타일도 시도해 보고 싶어요."

- **I-Message 전달법:** 나-전달법은 의사소통에서 자신의 생각과 감정을 명확하고 진솔하게 표현하면서도 상대방을 비난하거나 공격하지 않는 효과적인 대화 방식으로, 대화에서 책임을 '나'에게 두고, '나'의 경험과 감정을 중심으로 말하는 것이 핵심이다. 이를 통해 갈등을 줄이고 상대방이 방어적인 태도를 취하지 않도록 할 수 있다.

I-Message 전달법

- 나의 생각이나 감정을 전달할 때는 나를 주어로 말한다.
- 상대방의 행동과 상황을 비난 없이 구체적으로 말한다.
- 상대방의 행동이 나에게 미치는 영향을 구체적으로 말한다.
- 그 상황에 내가 느끼는 바를 진솔하게 말한다.
- 원하는 바를 구체적으로 말한다.

Activity

1 거울 대화 게임

이 활동은 상대방의 말을 정확히 경청하고, 자신이 들은 내용을 명확히 요약하며 전달하는 연습을 위한 것이다. 이 연습을 통해 경청의 중요성을 느끼고, 말하는 사람의 감정을 정확히 이해하기를 할 수 있다.

방법

- 참가자들을 두 명씩 짝지어 한 사람은 말하기 역할, 다른 사람은 경청 역할을 맡습니다.
- 말하기 역할의 사람은 자신의 하루 일과나 특정 경험(3~5분)을 이야기합니다.
- 경청 역할의 사람은 상대의 이야기를 방해하지 않고 끝까지 듣습니다.
- 이야기가 끝난 후 경청자는 "제가 들은 바로는..."으로 시작하여 상대의 이야기를 요약해 전달합니다.
- 역할을 바꿔 반복합니다.

2 비언어 소통 게임

이 활동은 비언어적 요소의 중요성을 이해하고, 경청과 말하기에서 비언어적 신호를 활용하는 능력을 강화하는 것을 목적으로 한다. 본 활동을 통해 비언어적 의사소통의 중요성을 체감하고, 상대방의 감정을 읽는 능력을 향상할 수 있다.

방법

- 참가자를 둘씩 짝짓고, 한 명은 말없이 몸짓과 표정으로만 자신의 감정을 표현합니다.
- 다른 사람은 상대의 감정을 읽고, 어떤 메시지를 전달하려 했는지 말로 설명합니다.

- 역할을 바꿔 반복합니다.

3 3단계 감정 표현하기

본 활동은 효과적인 말하기(I-Message 전달법)를 연습하며 감정과 요청을 명확히 표현하는 기술을 익히는 것이다. 본 연습을 통해 말하기의 구조화된 방법을 익히고, 감정을 비난 없이 전달할 수 있다.

방법

- 참가자들에게 일상적인 갈등 상황(예: 약속 시간에 늦은 친구, 무례한 대화 등)을 설정합니다.
- 각 참가자가 다음과 같은 형식으로 자신의 감정을 표현합니다.

> "나는 (감정) 느꼈어요."
> "왜냐하면 (상황/이유) 때문이에요."
> "그래서 _(원하는 행동/변화)_를 원해요."

- 다른 참가자들과 함께 표현의 정확성과 감정 전달에 대해 이야기를 나눕니다.

Beauty Customer Service

Lesson 4

고객 응대

1. 자기소개하기

고객과 마주할 때 자기소개를 인상적으로 간단하게 할 수 있는 생각 열기를 해 보자.

'20초 자기소개하기'를 다음의 내용으로 실시해 본다.

1) 대표 또는 원장

안녕하세요.

○○○대표 ○○○입니다.

내가 대표라면

~ 이렇게 소개하겠어요.

안녕하세요.

○○○원장 ○○○입니다.

내가 원장이라면

~ 이렇게 소개하겠어요.

2) 매니저 또는 실장

환영합니다! 고객님

○○○ 매니저 ○○○입니다.

내가 매니저라면

~ 이렇게 소개하겠어요.

환영합니다! 고객님

○○○ 실장 ○○○입니다.

내가 실장이라면

~ 이렇게 소개하겠어요.

3) 디자이너(아티스트)

반갑습니다! 고객님

○○○ 디자이너 ○○○입니다.

내가 디자이너라면

~ 이렇게 소개하겠어요.

반갑습니다! 고객님

○○○ 아티스트 ○○○입니다.

내가 아티스트라면

~ 이렇게 소개하겠어요.

4) 관리사

안녕하세요! 고객님

○○○ 관리사 ○○○입니다.

편안하게 모시겠습니다.

내가 관리사라면

~ 이렇게 소개하겠어요.

5) 현재의 '나' 소개하기

"'나'를 20초 동안 소개한다면 어떻게 할까요?"

2. 인사하기

인사는 상대방에게 호감, 반가움, 존경을 표현하며 예의를 갖추는 행동으로, 사람과 사람 사이의 관계를 시작하고 이어 가는 중요한 역할을 한다. 인사를 통해 처음 보는 사람에게도 자연스럽게 호의를 표하고, 거리를 좁히며 친근함을 전달할 수 있다. 예를 들어, 무표정한 얼굴로 인사하면 상대방은 화가 났거나 무슨 일이 있는지 궁금해하며 불편함을 느낄 수 있다. 반면, 밝은 표정으로 먼저 인사하면 상대방과 더 쉽게 친밀감을 나눌 수 있다. 즉, 인사는 단순히 말로만 이루어지는 것이 아니라, 아이컨택과 같은 비언어적 표현을 포함하여 관계를 긍정적으로 이어줄 수 있다.

인사는 상대방을 존중한다는 메시지를 전달하며, 특히 밝고 긍정적인 인사는 처음 만나는 사람에게도 좋은 인상을 남길 수 있다. 눈인사와 함께 가벼운 대화를 더하면 분위기를 더 부드럽게 만들 수 있다. 예를 들어, "안녕하세요", "오늘 날씨가 좋네요", "여기 자주 오시나요?" 같은 간단한 인사는 상대방과의 거리감을 줄이고 자연스럽게 관계를 형성하는 데 효과적이다. 인사를 할 때는 밝은 표정과 아이컨택을 유지하여 진심을 전달하는 것이 중요하다. 표정이나 몸짓 없이 형식적으로만 인사하면 상대방에게 무관심하게 보일 수 있기 때문이다.

서비스 상황에서는 인사가 고객 경험의 시작이다. 고객이 매장에 들어서면 먼저 눈을 맞추고 밝게 "안녕하세요!"라고 인사한 뒤, 고개를 숙이며 예의를 표하는 것이 기본이다. 이러한 인사는 고객에게 환영받고 있다는 느낌을 주며, 신뢰와 만족감을 높이는 데 중요한 역할을 한다.

또한 인사는 만나는 장소나 상황에 따라 인사 방법이 조금씩 달라질 수 있다. 예를 들어, 일상적인 자리에서는 간단히 고개를 끄덕이며 밝은 표정으로 인사하면 충분하지만, 격식을 차려야 하는 자리에서는 정자세에서 허리를 45° 정도 숙여 예를 갖추는 것이 적절하다. 다만, 90°에 가까운 깊은 허리 숙임은 이벤트 상황이 아니라면 비굴하거나 어색해 보일 수 있으므로 주의가 필요하다.

인사는 상대방과의 관계를 시작하는 열쇠이자 자신의 인격과 교양을 표현하는 중요한 행동이다. 서비스 현장에서는 고객 만족의 출발점이 되며, 일상에서는 관계 형성의 기초가 된다. 밝은 표정과 진심 어린 인사를 통해 상대방에게 호감과 신뢰를 전달할 수 있으며, 이는 긍정적인 관계를 형성하고 유지하는 데 큰 역할을 한다. 인사는 작은 행동이지만, 그 영향력은 크며 서로의 거리를 좁히고 관계를 이어 주는 중요한 가교라고 할 수 있다.

인사는 상황과 상대방에 따라 다양한 방식으로 이루어진다. 대표적인 인사의 형태인 목례, 보통례, 정중례는 각각 표현하는 정도와 격식에 차이가 있다. 이를 이해하면 적절한 상황에 맞는 인사를 사용할 수 있다.

1) 인사의 종류

목례, 보통례, 정중례는 각각 상황에 따라 다르게 사용되며, 상대방에 대한 존중의 정도를 나타낸다. 목례는 간단하고 가벼운 인사로, 일상적 상황에 적합하며,

보통례는 사회적 관계에서 기본적인 예의를 갖추는 인사다. 정중례는 중요한 자리나 상대방에 대한 깊은 존경을 표현해야 할 때 사용된다. 상황에 맞는 적절한 인사를 선택함으로써 상대방에게 신뢰와 호감을 주고, 예의를 표현할 수 있다.

(1) 목례(고개 숙임 정도: 약 15°)

목례는 상대방을 향해 고개를 약간 숙이는 간단하고 자연스러운 인사 방식이다. 격식이 덜 요구되며, 일상적인 만남에서 주로 사용된다. 눈을 맞추며 고개를 살짝 숙이는 것이 기본 방식이다. 인사말을 동반하지 않더라도 눈인사만으로 충분히 호의를 전달할 수 있으며, 일상에서 가장 자주 사용하는 인사법이다.

사용 상황

- 가까운 동료나 하급자에게 인사하는 경우
- 좁은 공간에서 제대로 인사할 수 없는 경우
- (엘리베이터, 계단, 복도 등)
- 하루에 여러 번 만나서 인사는 경우
- 낯선 어른에게 인사하는 경우

(2) 보통례(고개 숙임 정도: 약 30°)

보통례는 고개를 약 30° 정도 숙이며, 말과 함께 기본적인 예의를 갖추어 인사하는 방식이다. 목례보다 조금 더 격식을 차린 형태로, 일반적인 사회적 관계에서 사용된다. 상대방을 존중하는 태도를 전달할 수 있으며, 정중함을 표현한다.

사용 상황

- 직장 내에서 상사나 동료에게 인사할 때
- 고객이나 비즈니스 파트너를 만났을 때
- 공식적인 모임에서 만남과 헤어짐을 표현할 때
- 서비스업에서 고객이 매장에 들어왔을 때 인사말과 함께 사용

(3) 정중례(고개 숙임 정도: 약 45°)

정중례는 고개를 약 45° 정도 숙이며, 깊은 존경과 감사를 표현하는 격식 있는 인사 방식이다. 중요한 행사나 매우 격식을 차려야 하는 상황에서 사용되며, 상대방에 대한 진심 어린 태도를 보여 준다. 인사의 방식은 몸 전체를 약간 앞으로 숙이며, 허리로 각도를 조절한다. 이때 목소리 톤은 부드럽고 정중하게 표현해야 한다.

사용 상황

- 어른이나 상사, 귀빈에게 깊은 존경을 표현할 때
- 공식적인 행사나 비즈니스 미팅에서 상대방을 맞이하거나 배웅할 때
- 고객에게 사과할 때
- 매우 격식 있는 고객 응대 상황에서 사용

구분	각도	사용 상황	특징
목례	약 15°	가벼운 인사, 일상적인 만남	간단하고 자연스러운 인사
보통례	약 30°	공식적인 자리, 사회적 관계에서 기본 인사	정중함과 기본적인 예의 표현
정중례	약 45°	격식을 차린 자리, 존경과 사과 표현	깊은 존경과 진심을 담은 인사

종류	목례(15°)	보통례(30°)	정중례(45°)	90° 인사
정면				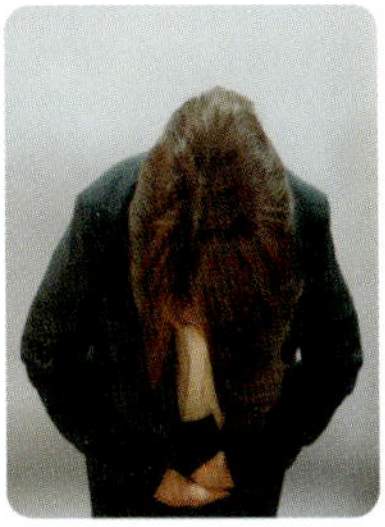
측면				

인사의 종류

Activity

1 다음의 상황 중 적합한 인사법을 골라 목례는 ○, 보통례는 △, 정중례는 □로 표시하시오.

목욕시설, 스포츠센터, 같은 사람과 여러 번 만났을 때, 면접을 볼 때, 하급자에게, 고객을 맞이하거나 배웅할 때, 집안 어른께 인사할 때, 공식 석상에서, 고객을 맞이하거나 배웅할 때, 버스 안에서 직장 상사를 만났을 때

② 역할극 실습

다음의 내용에 대하여 두 명씩 짝지어 인사상황을 연습한다.

〈목례〉

상황: 길을 지나며 아는 사람을 만났을 때.

A: (밝게) "안녕하세요!" (고개를 약간 숙이며 목례)

B: "안녕하세요!" (웃으며 아이컨택)

〈보통례〉

상황: 직장에서 상사를 만났을 때.

A: (고개를 약간 더 숙이며) "안녕하십니까, 부장님."

B: "좋은 아침입니다." (상냥하게 보통례로 답변)

〈정중례〉

상황: 고객이 매장을 방문했을 때

A: (45°로 고개를 숙이며) "반갑습니다, 고객님!"

B: "감사합니다, 안녕하세요"

• 실습 후 느낀 점과 어려웠던 부분을 공유한다.

❸ 나의 인사 포트폴리오

인사의 종류별로 목례, 보통례, 정중례를 상호 실습으로 직접 연출하여 사진으로 찍어 자신의 인사법이 어떤지 살펴보고 자체 평가해 본다.

종류	목례	보통례	정중례
정면 사진			
측면 사진			
느낀 점			
평가			
인사 종류별 실습 사진			

3. 표정과 자세

1) 표정 짓기

표정은 다른 사람의 시각에서 보여지는 것으로, 좋은 인상을 주기 위해서는 밝은 표정이 좋다. 밝은 표정, 좋은 표정, 친절한 표정의 호감을 주는 표정은 웃는 얼굴에서 보여 줄 수 있다.

미소를 짓는 얼굴은 그냥 만들어지는 것이 아니라 훈련이나 습관에 의하여 자연스럽게 얼굴에 나타난다. 미소 짓는 밝은 표정을 만들기 위해서는 매일 반복 연습으로 입꼬리를 올리는 연습을 해야 얼굴의 근육을 예쁘게 만들 수 있다.

이젠 잘 웃는 예쁜 표정을 위해 연습해 본다.

김치, 치즈, 와이키키처럼 한글 자음의 'ㅊ'이나 'ㅋ'의 단어가 입꼬리를 올릴 수 있다. 입꼬리를 올리고 입 모양을 크게 하여 밝은 표정을 연출한다.

- 김치! 김치!
- 치즈! 치즈!
- 와이키키! 와이키키!

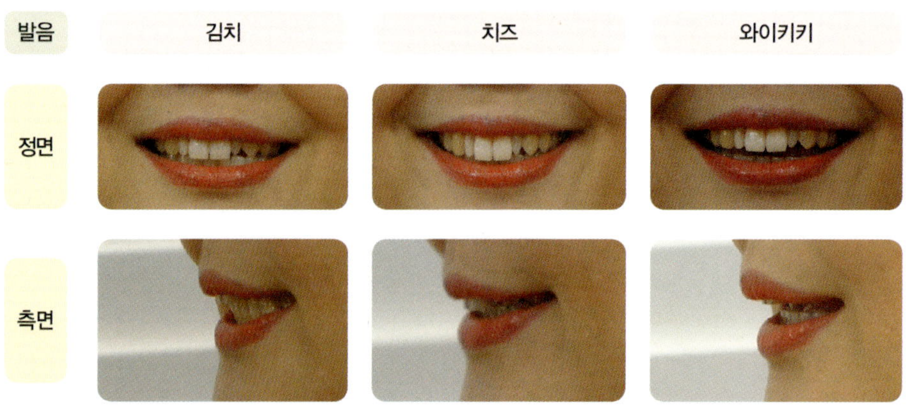

표정 만들기

예쁜 표정을 만들기 위해 김치, 치즈, 와이키키 발음을 정확하게 입을 크게 벌리며 상호 실습하여 사진을 찍고 표를 완성해 보자.

종류	김치	치즈	와이키키
정면 사진			
측면 사진			
느낀 점			
평가			

표정 만들기 실습 사진

얼굴 표정이 밝아지면 자신감도 상승한다.

반복 연습으로 예쁜 미소를 지어 보자.

2) 바른 자세

바른 자세는 자신의 건강에도 도움을 주며 상대방에게 편안함과 당당함이 전달된다. 첫인상에서 미소와 바른 자세는 자신감을 갖춘 사람으로 호감이 간다. 상대에게 좋은 인상과 배려를 위한 바른 자세를 익히는 것이 필요하다. 바른 자세는 생활의 습관에서 만들어지는 것이므로 바르게 서기, 앉기, 걷기를 통하여 바른 자세를 유지해야 한다.

다음은 아름답고 건강한 자세를 만드는 방법이다.

(1) 바르게 서기

① 어깨는 긴장을 풀어 이완되게 하고 가슴은 쭉 편다.

② 머리는 어깨 위에 자연스럽게 위치한다.

③ 허리는 중심선이 직선이 되게 선다.

④ 복부를 단단하게 힘을 주어 배가 나오지 않게 한다.

⑤ 허벅지 안쪽 근육에 힘을 주어 바로 서야 한다.

⑥ 발뒤꿈치는 붙이고 앞발은 각 15° 정도로 벌린다.

⑦ 손은 가볍게 주먹을 쥐어 바지 봉제선에 가지런히 놓거나 공수자세로 양손을 모아 잡고 단전(배꼽 주변)에 올려놓는다(여성은 오른손을 위로 올리고, 흉사에는 반대로 한다).

⑧ 턱은 자연스럽게 안쪽으로 당긴다.

⑨ 시선은 정면과 상, 하 약 10° 정도를 향해 상황에 따라 응시한다.

바르게 선 자세

공수 자세

바르게 선 자세

- 바르게 선 자세를 연습해 보자.
- 상호 실습으로 서로의 사진을 찍어 본다. 실습을 통해 자신의 자세를 살펴보고 고쳐야 할 점과 잘하는 점, 느낀 점과 평가를 적어 스스로 바른 자세로 설 수 있도록 노력한다.

<table>
<tr><td colspan="2">차렷 자세 정면 사진</td><td>차렷 자세 측면 사진</td><td>공수 자세 사진</td></tr>
<tr><td colspan="2"></td><td></td><td></td></tr>
<tr><td>느낀 점</td><td colspan="3"></td></tr>
<tr><td>평가</td><td colspan="3"></td></tr>
<tr><td colspan="4">바르게 선 자세 완성하기</td></tr>
</table>

3) 바르게 앉기

바르게 앉은 자세는 건강에도 중요하지만, 상대방에게 단정한 이미지를 인식시킬 수 있다.

① 어깨는 이완되게 뒤쪽으로 펴서 정상적인 위치에 있게 한다.

② 머리가 목 앞으로 빠지지 않게 어깨 위에 위치한다.

③ 의자 깊숙이 앉는다.

④ 어깨 넓이로 벌리고 앉을 때는 무릎 위에 주먹을 쥐어 놓는다.

⑤ 양다리를 붙여 앉을 때는 공수 자세로 손을 모아 다리 사이에 놓는다.

⑥ 허벅지 안쪽과 발바닥에 자연스러운 힘을 주고 발이 의자 안쪽으로 향하지 않게 한다.

바르게 앉은 자세

- 바르게 앉기를 상호 실습한다.
- 상호 실습으로 서로의 사진을 찍고 실습을 통해 자신의 앉은 자세를 살펴본 후 느낀 점을 적어 자신의 앉은 자세를 평가한다.

<table>
<tr><th colspan="2">앉은 자세 정면 사진</th><th>앉은 자세 측면 사진</th></tr>
<tr><td colspan="2"></td><td></td></tr>
<tr><td>느낀 점</td><td colspan="2"></td></tr>
<tr><td>평가</td><td colspan="2"></td></tr>
<tr><td colspan="3">바르게 앉은 자세 완성하기</td></tr>
</table>

4) 바르게 걷기

① 발을 11자로 양발과 양다리를 안쪽으로 붙인다.

② 턱은 안쪽으로 당기고 가슴 위쪽을 앞으로 내민다.

③ 팔을 자연스럽게 엄지손가락이 앞을 향하게 내린다.

④ 오른발은 뒤꿈치가 위를 향하게 들고 왼발의 무릎은 편다.

⑤ 오른발을 앞으로 내딜 때 발뒤꿈치가 중앙에 먼저 닿고 다음에 발바닥 앞부분이 닿으며 엄지발가락이 닿도록 걷는다.

⑥ 몸을 앞으로 보내며 다리를 앞으로 이동시킨다.

⑦ 오른발이 앞으로 나갈 때 오른팔은 뒤로 크게 흔든다.

⑧ 왼발도 뒤꿈치가 위를 향하게 들고 오른발의 무릎은 편다.

⑨ 왼발도 앞으로 내디딜 때 발뒤꿈치가 중앙에 먼저 닿고 다음에 발바닥 앞부분이 닿으며 엄지발가락이 닿도록 걷는다.

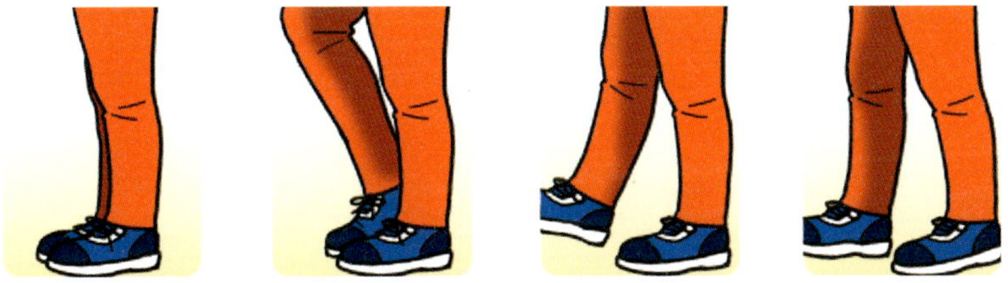

① 걷기준비, 양발을 11자로 허벅지 안쪽으로 힘을 준다.

② 몸이 앞으로 움직이기 쉽도록 뒷꿈치를 든다.

③ 오른발 앞으로 내딜 때 발뒤꿈치부터 닿는다.

④ 오른발 발바닥이 닿는다.

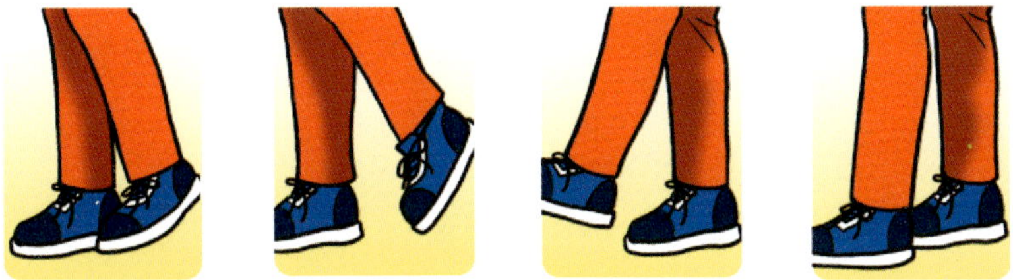

⑤ 오른발 발가락이 착지하며 오른팔은 뒤로 크게 흔들고 왼발을 움직인다.

⑥ 몸이 앞으로 움직이기 쉽게 발뒤꿈치를 들어 다음 스텝을 준비한다.

⑦ 왼발 앞으로 내딜 때 발뒤꿈치부터 닿는다.

⑧ 왼발 발바닥부터 닿고 발가락으로 착지하며, 왼팔은 뒤로 크게 올린다.

바르게 걷기

- 바르게 걷기를 상호 실습한다.
- 상호 실습으로 서로의 사진을 찍고 실습을 통해 자신의 걸음걸이를 살펴보고 느낀 점을 적어 스스로의 걸음걸이를 평가한다.

<table>
<tr><td colspan="2"></td><td></td><td></td><td></td></tr>
<tr><td colspan="2">몸이 앞으로 움직이기 쉽게 오른발 발가락으로 세운다.</td><td>오른발 앞으로 내딛을 때 발뒤꿈치부터 닿는다.</td><td>오른발 발바닥이 닿는다</td><td>오른발 발가락이 착지하며, 오른팔은 뒤로 크게 든다.</td></tr>
<tr><td colspan="2"></td><td></td><td></td><td></td></tr>
<tr><td colspan="2">왼발 발가락으로 세운다.</td><td>왼발 앞으로 내디딜 때 발뒤꿈치부터 닿는다.</td><td>왼발 발바닥이 닿는다.</td><td>왼발 발가락이 착지하며, 왼팔은 뒤로 크게 든다.</td></tr>
<tr><td>느낀 점</td><td colspan="4"></td></tr>
<tr><td>평가</td><td colspan="4"></td></tr>
<tr><td colspan="5">바르게 걷기 실습 사진</td></tr>
</table>

Lesson 5

전화 응대

1. 전화 응대의 중요성과 특징

1) 전화 응대의 중요성

전화는 편리함과 시간 절약이라는 장점을 제공하지만, 상대방과의 시각적 상호작용이 없기 때문에 목소리와 말투가 모든 것을 판단하는 중요한 기준으로 작용한다. 특히, 업무 환경에서는 전화 매너가 첫인상과 친절도를 평가하는 데 중요한 역할을 하게 되어, 응대가 전문적이지 않거나 무례하다고 느껴지면 상대방은 개인이나 회사에 대한 신뢰를 잃을 수 있게 된다.

특히, 고객 응대 업무에서는 전화 매너가 고객 만족도와 재방문 의사에 큰 영향을 미친다. 전화 응대 시에는 발음이 분명하고 목소리가 친절하며, 상대방의 말을 경청하는 태도가 중요하다. 또한, 상대방이 요구하는 정보를 명확히 이해하고, 신속하고 적절히 응대하는 능력을 갖추는 것이 필수적이다.

전화 응대는 단순한 업무 수행을 넘어 상대방과의 긍정적인 관계를 형성하고, 비즈니스나 개인의 이미지를 구축하는 데 중요한 역할을 한다. 전화 매너를 제대로 갖추면 상대방에게 전문성과 친절함을 전달할 수 있으며, 이는 궁극적으로 업무 효율성과 관계의 질을 높이는 데 기여하게 된다.

전화 응대의 중요성

- 정보화시대의 중요한 업무 수단으로 쓰인다.
- 표정을 알 수 없는 전화는 온전히 음성과 응대 언어가 중요하다.
- 간결한 응대 멘트를 정하고 익히는 것이 필요하다.
- 회사 이미지에 대한 신뢰도 형성의 기준이 된다.

2) 전화의 특징

(1) 전화는 상대방을 볼 수 없다

전화는 시각적 상호작용이 배제된 상태에서 오직 목소리와 언어적 메시지를 통해 의사소통이 이루어지는 도구이다. 이로 인해 상대방의 표정, 몸짓, 자세 등 비언어적 의사소통으로 알 수 있는 많은 정보를 전달하거나 받아들이는 것이 불가능해진다. 따라서 감정의 전달이 제한적이고, 상대방이 말하는 의도의 진위를 판단하기 어려울 수 있다.

(2) 전화는 일방적으로 이루어지는 경우가 많다

전화는 전화를 거는 사람의 입장에서 이루어지는 의사소통 수단이기 때문에, 받는 사람의 시간과 상황을 충분히 고려하지 못한 채 일방적으로 이루어지는 경우가 많다. 따라서 서비스 제공자는 언제든지 전화를 받을 준비가 되어 있는 태도를 유지해야 한다.

(3) 전화는 보안성이 없다

최근 기업들은 서비스 품질 향상을 목적으로 고객과의 전화 내용을 사전 동의를 받은 후 녹취하는 것이 일반화되고 있다. 이는 단순히 고객과의 일대일 정보 공유를 넘어, 녹취된 내용이 내부적으로 분석되고 공유될 가능성이 있음을 의미한다. 이러한 환경에서는 전화 응대의 중요성이 더욱 강조된다.

(4) 전화는 비용이 발생한다

전화는 전화를 거는 사람에게 시간과 비용이 더 많이 발생하는 의사소통 수단이다. 특히 고객이 서비스를 위해 전화를 거는 경우, 이미 시간과 금전적 비용을 지출하고 있는 상태이므로, 응대가 불성실하거나 부적절할 경우 고객의 불만이 증폭될 가능성이 높다.

2. 전화 응대 방법

1) 전화 응대의 기본 원칙

전화 응대는 고객과의 첫 상호작용이자 기업의 이미지를 형성하는 중요한 접점이다. 이를 성공적으로 수행하기 위해서는 친절, 신속, 정확이라는 세 가지 원칙을 반드시 준수해야 한다. 친절한 태도는 고객의 마음을 열게 하고, 신속한 처리는 고객의 시간을 존중하는 것이며, 정확한 정보 제공은 고객과의 신뢰를 쌓는 데 기여할 수 있기 때문이다. 이 원칙들을 일관되게 실천하면 고객 서비스의 질을 높이고, 고객과 기업 간의 긍정적인 관계를 구축할 수 있게 된다. 즉, 전화 응대는 단순한 대화가 아니라, 고객 경험의 출발점이라는 점을 항상 기억해야 한다.

친절	• 친절성은 고객이 가장 기대하는 사항이다. • 음성에만 의존하기 때문에 목소리에 상냥함이 배어 있어야 한다. • 음성뿐 아니라 고객의 요구 충족을 위해 애쓰는 태도로 전달되어야 한다.
신속	• 전화벨이 3번 울리기 전에 받는 것이 좋다. • 전화를 빨리 받는 것부터 친절한 응대이다. • 부득이하게 시간이 지체된 경우, 상대방의 입장을 배려하며 사과의 말을 전하는 것이 중요하다.
정확	• 정확한 업무 내용은 전화 서비스를 완성한다. • 상대방의 용건을 정확하게 파악한다.(용건은 육하원칙으로!) • 중요한 업무 내용은 반드시 복창하며 메모하도록 한다.

2) 전화 받는 요령

① 전화벨이 3번 이상 울리기 전에 받는다

- 자신 있고 밝은 음성으로 받는다.
- 벨이 3번 이상 울렸을 경우에는 '늦게 받아 죄송합니다'라고 우선 말한다.

② 회사명과 부서명 이름을 밝힌다

- "안녕하십니까? ○○회사, ○○팀 ○○○입니다."
- "감사합니다. ○○회사, ○○○입니다."

③ 상대방을 확인 후 인사한다

- "네, 고객님. 안녕하세요. 무엇을 도와드릴까요?"

④ 응답은 책임 있게 한다

- 요점을 명료하게 메모, 정리, 복창하여 내용을 재확인한다.
- 의문 사항은 질문하고, 응답할 내용에 대해서는 상대방이 이해하기 쉽게 답변한다.
- 끝까지 차분하고 정확하게 경청하며 한 손으로 메모한다.

⑤ 끝맺음 인사를 한다

- 감사의 표현과 인사말을 잊지 않는다.
- "감사합니다. 안녕히 계십시오."
- 상황에 따른 적절한 끝인사를 하고 상대방이 끊은 뒤에 조용히 수화기를 내려놓는다.

tip

전화 메모 요령

날짜	
전화 받은 사람	
전화 한 사람	
전화 내용	
통화 결과	• 전화 왔었다고 전해주십시오( ) • 다시 전화 드릴 예정입니다( ) • 전화 부탁하셨습니다(☎)

3) 전화 거는 요령

① 전화를 거는 것은 남의 집을 방문하는 것과 같은 주의가 필요하다

- 고객의 시간, 장소, 상황을 고려한다.
- 전화를 걸 때는 식사 시간이나 너무 이른 시간, 심야 시간은 피한다.

② 통화할 내용을 점검한다

- 통화할 용건과 순서를 메모한다.
- 상대방의 전화번호, 성명, 소속, 직함 등을 확인한다.

③ 자신을 먼저 밝힌다

- "안녕하십니까? 저는 ○○회사, 홍길동입니다."
- "안녕하십니까? 저는 ○○○입니다. ○○건 때문에 전화 드렸습니다."

- 상대와 연결이 되면 인사를 하고 상대편이 전화를 받을 수 있는 상황인지 확인한다.

④ 용건을 말한다

- 용건은 간단명료하게 한다.
- 결론을 미리 말하고 뒤에 설명을 시작한다.
- 용건에 대해 확인한다. 시간, 장소, 이름, 연락처 등 주요 사항을 재확인한다.
- 일방적인 통화가 되지 않도록 한다.

⑤ 끝맺음 인사를 한다

- 통화에 대한 감사 인사 또는 상황에 따른 적절한 끝인사를 한다.

4) 전화 예약 응대하기

예약을 하면 고객의 입장에서 자신의 일정을 효율적으로 활용할 수 있으며, 회사에서는 차별화된 서비스 제공과 직원들의 효과적인 운영이 가능하다.

(1) 예약자의 정보 확인

- "네, 고객님. 예약을 도와드리겠습니다."
- "고객님의 성함을 부탁드립니다." 또는 "고객님, 전화번호 끝자리 부탁드립니다."

신규 고객일 경우 회원 정보가 없으니 신규 고객으로 예약을 받는다.

- "고객님의 성함과 연락처 말씀 부탁드립니다."

(2) 예약 확인

- 방문 시간, 회사 운영 시간, 직원 근무 여부, 회사 휴무일, 서비스 내용에 따른 소요시간을 고려한다.

(3) 직원 일정 조율

- 고객이 원하는 직원의 일정을 확인하고 예약을 받는다.

5) 불만 고객 전화 응대하기

불만 고객 전화 응대하기는 고객의 문제나 불편을 경청하고, 이를 신속하고 적절하게 해결하는 과정이다. 불만 고객은 감정적으로 민감한 상태이기 때문에, 응대자는 차분한 태도로 경청하며 공감을 표현하고, 문제 해결 의지를 보여야 한다.

감정적인 대응을 피하고, 구체적이고 현실적인 해결책을 제시하는 것이 중요하며, 고객의 요구와 기대를 정확히 파악한 후 후속 조치를 안내하며, 대화를 긍정적으로 마무리해야 한다. 불만 고객 응대는 고객 만족 회복뿐 아니라, 기업의 신뢰와 이미지를 보호하는 데 중요한 역할을 하므로 매우 중요하게 관리되어야 한다.

- 고객의 불만 사항을 잘 경청하여 듣는다.
- 정확한 내용을 메모하면서 필수 사항을 적는다.
- 고객의 불만 사항에 대해 정중히 사과한다.
  - "고객님 정말 죄송합니다."
  - "고객님께 불편을 드려 죄송합니다."
  - "고객님께서 말씀하신 부분은 최대한 시정 조치하도록 하겠습니다."

Activity

〈전화 실습〉

다음의 내용에 대하여 응대 방법과 응대 멘트를 작성하고 실습한다.

세부 MOT		내용
도입	전화벨이 울릴 때	
	전화를 받을 때	
	전화를 늦게 받았을 때	
안내		
예약	신규 고객	
	기존 고객	
종결(전화를 끊을 때)		

고객을 위한 문자 메시지 마케팅 TIP

최근 고객과의 커뮤니케이션으로 문자 메시지(SMS)가 필수적인 요소가 되었다.

문자 메시지는 마케팅 비용 대비 큰 효과를 볼 수 있지만, 고객에게는 자칫하면 스팸 문자나 귀찮은 광고로 오해를 살 수 있기 때문에 적절하게 활용할 필요가 있다.

문자 메시지를 사용한 마케팅 방법은 다음과 같다.

1 고객의 편의를 위한 문자 서비스

스케줄 안내, 예약 확인 등과 같이 고객의 편의를 위해 사용하는 방법이 있다. 예약 시간과 헤어 디자이너의 이름 등과 같이 예약 결과 안내로 문자 서비스를 활용하는 방법이다. 또한 서비스 시점이 다가왔을 때 고객들에게 상기시켜 주는 방법으로 문자 메시지를 활용하는 것이다. 고객들의 편의를 위한 문자 메시지 서비스는 고객들의 서비스 만족도를 높일 수 있게 한다.

2 고객을 위한 특별한 문자 서비스

누군가가 나에게 특별한 의미를 가지고 무언가를 제공해 준다면, 비록 작은 것이라고 할지라도 매우 기분이 소식이 될 것이다. 따라서 매장 내에서 하고 있는 작은 이벤트 소식을 알려 주거나 생일 축하 메시지, 할인 쿠폰이 첨부된 문자 메시지는 고객들에게 작은 설렘과 함께 매장에 대한 긍정적인 기억들을 무의식적으로 만들어 주는 역할을 한다.

문자 메시지를 보내는 방법

1. 로컬 고객들을 타깃팅하기

주변 주민들이나 직장인들을 타깃으로 하면 더 높은 효과를 볼 수 있다.

2. 타깃 대상을 고려하기

고객이 누구인지, 주로 언제 휴대폰을 보는지 생각해 보고 적절한 문구와 보내는 시간들을 이용해 전송한다면 효과를 볼 수 있을 것이다.

3. 단문(SMS), 장문(LMS), 포토(MMS) 등 다양한 형식으로 메시지를 전송할 수 있다.

전달하려는 메시지와 메시지 글자 수를 확인한 후 적절한 형식을 선택한다.
- 단문: 90바이트(텍스트, 한글 45자)
- 장문: 2,000바이트(텍스트, 한글 1,000자)
- 포토: 이미지+2,000바이트(텍스트, 한글 1,000자)

* 이미지는 300KB로 최대 3개까지 발송 가능

출처: https://m.post.naver.com/viewer/postView.nhn?volumeNo=17618674&memberNo=2521903에서 수정 발췌.

고객 서비스의 이해 셀프 체크리스트

학습내용	평가내용	자기평가		
		미흡	보통	우수
고객서비스의 이해	고객의 니즈를 파악하기 위해 노력할 수 있다.			
	고객 만족도를 향상하기 위한 노력을 할 수 있다.			
	서비스 제공자의 중요성을 이해할 수 있다.			
인성과 이미지	서비스 제공자가 지녀야 할 인성에 대해 이해할 수 있다.			
	본인의 이미지를 표현할 수 있다.			
커뮤니케이션	비언어적 의사소통에 대하여 이해할 수 있다.			
	상대방의 의견을 경청할 수 있다.			
고객 응대	나에 대하여 상대방에게 소개할 수 있다.			
	명함 주고받기를 할 수 있다.			
전화 응대	상대방에게 호감 가는 인사를 할 수 있다.			
	전화벨이 3번 이상 울리기 전에 받을 수 있다.			
	전화 예약을 받을 수 있다.			
	불만 고객의 전화를 응대할 수 있다.			

MEMO

Chapter 2

고객 서비스의 실제

Lesson 1 응대 서비스

Lesson 2 고객 상담

Lesson 3 시술 시작 매뉴얼

Lesson 4 시술에 따른 응대 서비스

Lesson 5 마무리 고객 관리하기

Lesson 6 정산 고객 응대하기

Lesson 7 배웅하기

Beauty Customer Service

Beauty Customer
Service

Lesson 1

응대 서비스

1. 고객 응대의 중요성

뷰티 서비스에서 고객 응대는 단순한 의사소통을 넘어, 서비스의 품질과 고객 만족도를 결정짓는 중요한 요소이다. 고객이 서비스를 경험하기 전부터 받는 첫인상은 전체적인 만족도에 큰 영향을 주기 때문이다. 특히 서비스 제공자의 밝은 표정과 단정한 외모, 정중한 태도는 고객에게 신뢰와 긍정적인 이미지를 심어 주며, 이는 재방문 의사를 높이는 핵심 요인이 된다.

또한, 고객을 맞이할 때 직원의 태도는 브랜드 이미지와 연결된다. 특히 고객에 성향과 취향을 고려한 개인 맞춤형 인사와 서비스는 고객이 특별히 대우받고 있다고 느끼게 해 주며, 이는 경쟁이 치열한 뷰티 산업에서 차별화된 경쟁력이 될 수 있다. 따라서 고객의 요구를 정확히 이해하고, 이를 충족시키기 위한 노력이 필요하다. 이는 고객과의 신뢰 관계를 형성할 수 있으며, 장기적인 고객 충성도를 확보할 수 있다.

뷰티 서비스에서는 고객과의 원활한 소통이 매우 중요하다. 고객의 니즈를 제대로 파악하지 못하거나 불편을 유발하는 상황이 발생하면 서비스의 전체적인 만족도가 떨어질 수 있기 때문이다. 또한, 고객 불만 상황이 어쩔 수 없이 발생하더라도 문제를 효과적으로 해결하고 고객의 입장을 배려하는 태도를 보여 준다면, 오히려 긍정적인 경험으로 전환할 수 있다.

뷰티 서비스는 단순히 외모를 가꾸는 것을 넘어 고객에게 특별한 경험을 제공하는 과정이다. 따라서 고객 중심의 태도와 세심한 배려를 통해 고객이 소중히 여겨지고 있다는 느낌을 받게 하는 것이 무엇보다 중요하다. 이는 고객의 만족도를 높이고, 나아가 조직과 개인에게 지속적인 성장을 가능하게 하는 핵심 요소라고 할 수 있다.

2. 고객 응대하기

1) 고객 맞이하기

(1) 고객 맞이하기

- 밝은 표정, 단정한 복장, 그리고 진심 어린 미소로 고객을 환영
- 정중한 말투로 고객 상황 및 특성에 따라 개인 맞춤형 인사 실시

(2) 대기 시간 안내하기

- 시술별 고객의 순서와 예상 대기 시간 안내
- 디자이너별 고객의 순서와 예상 대기 시간 안내

(3) 소지품 보관 관리하기

- 개인 사물함 안내(탈의실에 보통의 소지품 보관)
- 귀중품 보관 장소(귀중품일 경우 따로 보관할 수 있도록 안내)

상황	고객 응대 멘트
고객 맞이	여성 남성 아이 동반 단골 고객 고연령 고객
대기 시간 안내	
소지품 보관 안내	

2) 고객 대기 시간 관리하기

(1) 음료 서비스

- 각 계절에 적합한 음료를 미리 마련하고, 비나 눈이 오거나 더운 날씨 등 상황에 맞는 음료를 준비하여 권한다.
- 음료 제공 시에는 음료 받침을 사용해 테이블 위에 올려 드리며, 컵의 아래 부분을 잡아 고객의 입이 닿는 부위에 손이 가지 않도록 주의한다.

- 뜨거운 음료를 제공할 때는 “뜨거우니 조심하십시오”라는 안내와 함께 반드시 테이블 위에 놓아 안전사고를 예방한다.

계절별 음료 메뉴	
봄, 가을	
여름	
겨울	

음료 제공 시 멘트
1. 봄, 가을   2. 여름   3. 겨울   4. 비가 올 때   5. 눈이 올 때

(2) 책 또는 테블릿 PC 제공 서비스

- 고객이 대기하는 시간에 스타일링 북이나 잡지책, 테블릿 PC 등을 권하여 기다리는 시간이 지루하지 않도록 배려한다.

  예 고객님, 기다리는 시간에 보실 수 있도록 스타일링 북이나 잡지를 준비해 드릴까요?

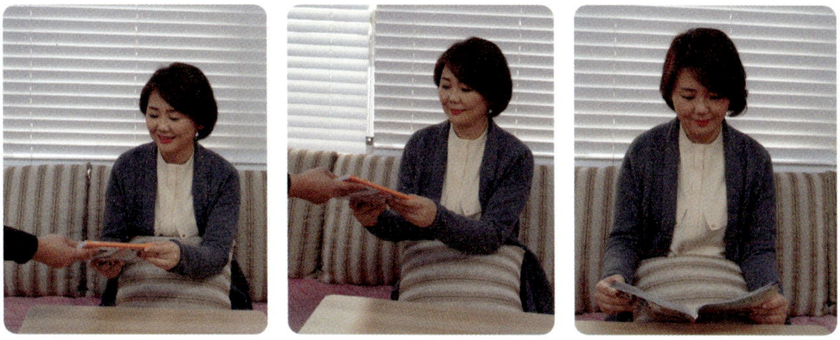

고객 응대 멘트

(3) 쿠션 제공 서비스

- 고객이 편안함을 느낄 수 있도록 대기용 쿠션 등을 권한다.

고객 응대 멘트

(4) 인터넷 사용 안내하기

- 일반 고객의 경우 인터넷 비밀번호를 안내해 드리고, 고령자의 경우 필요 시 비밀번호 입력을 도와드릴 수 있다.

고객 응대 멘트

고객 응대 서비스 셀프 체크리스트

학습내용	평가내용	자기평가		
		미흡	보통	우수
고객 맞이하기	고객의 예약 상황을 확인할 수 있다.			
	고객에게 대기 시간을 안내할 수 있다.			
	고객의 소지품을 보관할 수 있다.			
고객대기시간 관리하기	뜨거운 음료 및 차가운 음료 제공 시 적절한 응대 멘트를 할 수 있다.			
	고객에게 쿠션 등을 권하며 대화할 수 있다.			
	고객에게 스타일링 북 등을 권하며 대화할 수 있다.			
	고객에게 인터넷 비밀번호 등을 안내하여 사용하게 할 수 있다.			

Lesson 2

고객 상담

1. 고객 관리하기

1) 고객 카드(차트 만들기)

(1) 고객 카드 작성 시 혜택과 필요성을 설명

- 생일 축하 이벤트 할인 안내
- 연중 할인 행사 참여 안내
- 축하 문구나 이벤트 문구 안내 서비스

(2) 개인정보 동의하기(개인정보 수집 및 활용에 대한 안내 확인)

- 개인정보 동의 안내 시 개인정보 수집의 활용 목적 및 항목, 보관 기간 등을 안내
- 「개인정보보호법」 및 관련 규정을 준수함을 안내
- 민감정보나 선택 항목을 별도로 구분하여 설명하고, 동의 여부 확인

(3) 개인 신상 기본 문의하기

- 성명(소통의 첫걸음)
- 생일, 결혼기념일(이벤트 참여 혜택)
- 연락처(발송되는 문자 등을 받아 볼 수 있도록)
- 소개한 사람(소개자의 이름과 연락처, 방문 동기 등을 알아 두기)
- 고객 메인 담당자 상담 등(방문자의 성향 등을 고려하여 디자이너 추천)

2) 예약 일정 잡기

(1) 전화 예약

전화로 예약을 받을 경우 목소리만으로 고객을 대하기 때문에 목소리의 상냥함을 잃지 않도록 주의해야 한다.

(2) 당일 예약

대기 시간이 오래 걸릴 경우 예약 후 외출 가능, 예약 시간 확인 후 늦지 않게 오실 수 있도록 안내

	고객	상담자
전화 예약		
당일 예약		

3) 신규 방문

- 시술별 상담
- 담당 디자이너 선별
- 시술별 소요 시간 설명

고객	상담자
예 머리 디자인을 바꾸려 하는데~~	예 혹시 소개받은 선생님이라도 계신가요?
예 염색컬러를 바꿔 보고 싶은데 혹시 추천해 줄 디자이너 선생님 계신가요?	예 아~네, ○ 선생님을 소개해 드릴까요? 저희샵에서 염색을 아주 잘해 드리는 선생님이세요.

4) 재방문

- 예약 확인하기
- 담당 디자이너 시간 체크하기

상담자	고객

5) 예약방문

- 예약 확인하기
- 예약 시간 확인하기
- 담당 디자이너 호출해 주기

상담자	고객

고객 카드

<table>
<tr><td>이름</td><td></td><td>성별</td><td>남 / 여</td></tr>
<tr><td>실제
생년월일</td><td></td><td>핸드폰
번호</td><td></td></tr>
<tr><td colspan="4">주소:</td></tr>
<tr><td>담당
디자이너</td><td colspan="3"></td></tr>
<tr><td>결혼기념일</td><td></td><td>최초
방문날짜</td><td></td></tr>
<tr><td>방문 동기</td><td colspan="3"></td></tr>
<tr><td>고객 메모</td><td colspan="3">특이사항이나 알아 두기 메모

예 • 염색 시:
• 퍼머 시:</td></tr>
</table>

유형별 고객 응대

1. 화가 난 고객

- 고객을 화가 나게 한 부분에 대해 먼저 사과하고 고객이 말하는 불만에 경청한다.
- 고객의 마음을 이해하고 공감한다.
- 긍정적인 태도로 불가능한 내용보다는 가능한 내용을 말한다.
- 객관성을 가지고 고객이 갖게 된 불만 원인에 대하여 규명한다.

2. 예민한 고객

- 서비스 제공 전부터 개인적으로 불쾌한 일이 있거나, 사소한 일에 부정적인 감정을 많이 느끼는 경우가 많다.
- 서비스 제공 시 고객이 자극받지 않도록 언어적 표현과 태도에 주의하는 것이 필요하다.
- 고객이 요구하는 부분에 대해서 신속하게 처리하도록 한다.

3. 거만한 태도를 보이거나 무리한 요구사항이 많은 고객

- 작은 일에 주관적인 태도로 자기 의사를 표현하기 때문에 고객의 의견을 잘 경청하고 서비스 제공자의 상황을 있는 그대로 설명하는 것이 필요하다.
- 고객을 존중하는 태도로 전문성을 가지고 이야기한다.

4. 유·아동 응대 시 주의할 점

- 아이들은 집중력이 짧아 긴 시술을 지루해할 수 있으므로 최대한 빠르고 정확하게 시술에 응해야 한다.
- 아이들이 집중할 수 있도록 장난감이나 영상을 틀어 주는 것도 좋은 방법이다.

2. 고객 안내하기

1) 안내 시 유의할 점

- 고객을 안내할 때는 "샴푸실로 안내드리겠습니다"와 같은 멘트와 함께 정중하고 따뜻한 태도로 응대한다.
- 고객이 뒤처지지 않도록 적절한 속도로 걸으며, 길 안내를 명확히 하도록 한다.
- 도중에 미끄러운 구역이나 걸리기 쉬운 곳이 있다면 주의 사항을 미리 안내한다.

2) 샴푸실 안내

(1) 샴푸실이 보이지 않은 곳이며 이동 거리가 있을 경우

- 샴푸실이 보이지 않은 곳에 있을 경우 고객이 불안정한 태도를 취할 수 있다.
- 시술자가 한 발 앞장서서 손으로 방향을 명시하여 안내하여야 한다.

멘트	
안내 시 유의할 점	

(2) 샴푸실이 보이는 곳에 위치되어 있을 경우

- 샴푸실이 보이는 곳에 배치되어 있을 때에도 시술자가 한 발 앞장서서 안내한다.

멘트
안내 시 유의할 점

고객 상담 서비스 셀프 체크리스트

<table>
<tr><th rowspan="2">학습내용</th><th rowspan="2">평가내용</th><th colspan="3">자기평가</th></tr>
<tr><th>미흡</th><th>보통</th><th>우수</th></tr>
<tr><td rowspan="3">고객
관리하기</td><td>고객 차트를 작성할 수 있다.</td><td></td><td></td><td></td></tr>
<tr><td>예약 일정을 잡을 수 있다.</td><td></td><td></td><td></td></tr>
<tr><td>신규 방문 및 재방문 고객을 응대할 수 있다.</td><td></td><td></td><td></td></tr>
<tr><td>고객 응대</td><td>유형별 고객 응대를 할 수 있다.</td><td></td><td></td><td></td></tr>
<tr><td rowspan="2">고객 안내</td><td>고객을 자리로 안내할 수 있다.</td><td></td><td></td><td></td></tr>
<tr><td>고객에게 대기 시간을 안내할 수 있다.</td><td></td><td></td><td></td></tr>
</table>

Lesson 3

시술 시작 매뉴얼

1. 사전 샴푸

사전 샴푸 안내 멘트
• "고객님 오늘 (커트, 퍼머, 염색) 서비스 맞으시죠?" • "고객님 제가 샴푸실로 안내해 드리겠습니다." • 샴푸의자로 안내하며 "이쪽으로 부탁드립니다." • "고객님 시술 중에 액세서리 분실이 있을 수 있으니 보관함에 보관해 드리겠습니다."

시술자 응대 멘트(의견 제시)
예 고객님, 퍼머 시술 시에는 두피가 민감할 수 있으므로 샴푸는 간단하게 해 드리겠습니다. 1. 2. 3. 4. 5. 6

상세주문내역서

날짜:

고객명: 생년월일: 전화번호:

담당자:			
서비스 내용	**기본 요금**	**추가 요금**	**비고**
할인 내역			
합계			

위 서비스 내역서를 확인하였습니다.

개인정보(성명, 생년월일, 연락처)를 제공하는 데 동의하며

문자나 카톡으로 고객지원 서비스에 활용되는 것을 동의합니다.

이름: (서명)

회원 개인정보의 제공 및 활용 동의서

귀사가 본인(당사)으로부터 취득한 개인정보는 타인에게 제공, 활용 시 동의를 얻어야 하는 정보입니다. 이에 본인(당사)은 다음의 개인정보를 아래의 제공 목적에 활용하도록 하는 데 동의합니다.

1. 제공할 개인정보의 내용: 개인정보(성명, 주소, 연락처) 등 및 신청서에 기재된 사항, 개인정보의 추가 획득 사항
2. 제공목적: 고객지원, 마케팅 활동 등 다양하고 유용한 고객 서비스
3. 해당 기재된 정보와 관련하여 추후 본인의 정보를 추가하거나 수정할 때도 이 동의서의 동의 유효합니다.

신청일 년 월 일

신청자 (서명)

2. 시술 형태별 행동

시술 형태별 행동 순서	
사전 샴푸 퍼머 사후 샴푸	사전 샴푸 → 커트 → 클리닉제품 도포 → 1제 도포 → 샴푸 또는 산성린스 → 2제 도포 → 샴푸, 린스 → 건조 → 헤어스타일링
	예 퍼머 시술 전에 샴푸 먼저 하겠습니다.
염색 사후 샴푸	피부보호제 도포 → 염모제 도포 → 에멀린 → 샴푸, 린스 → 건조 → 헤어스타일링
	예 염색 샴푸를 해 드리겠습니다. 예 불편하신 곳이나 더 씻고 싶으신 데 있으신지요?

tip

염색 샴푸 시 유의 사항

- 두피에 염색약이 묻어 있으므로 자극적이지 않게 염색약을 잘 제거해야 한다.
- 헤어 염색약은 의류 등에 묻으면 잘 지워지지 않기 때문에 의류에 묻지 않도록 주의한다.
- 혹시 의류에 묻었다면 신속하게 휴지나 리무버를 사용해 의류에 묻은 염색제를 제거한다.
- 피부 보호제를 페이스 라인과 네이프 라인에 도포하여 피부에 염색약이 묻지 않도록 한다.

시술 형태별 행동 순서	
드라이, 아이론	샴푸, 린스 → 건조 → 헤어스타일링
	예 샴푸를 해 드리겠습니다. 예 모발에 에센스 바르셨는지요? 예 린스는 소량만 해 드리겠습니다.
커트	1) 샴푸, 린스 → 커트 → 건조 → 헤어스타일링 2) 모발 적시기 → 커트 → 털기 → 샴푸, 린스 → 체크 커트 → 헤어스타일링
	예 머리카락을 털어 내기 위해 꼼꼼히 샴푸해 드리겠습니다.

tip

샴푸 후 자리로 이동하는 과정에서 발생되는 행동이나 대화를 생각해 본다.

- 시술대와 샴푸대의 이동 동선을 체크한다.
- 시술대로 안내해 드리겠습니다.
- 이쪽으로 모시겠습니다.

시술 시작 매뉴얼 체크리스트

학습내용	평가내용	자기평가		
		미흡	보통	우수
시술 확인	상세주문 내역서를 작성할 수 있다.			
샴푸 시술 실제	샴푸실로 안내할 수 있다.			
	퍼머의 사전 샴푸 시 멘트를 할 수 있다.			
	퍼머의 사후 샴푸 시 멘트를 할 수 있다.			
	염색 샴푸 시 멘트를 할 수 있다.			
	커트나 드라이 샴푸 시 멘트를 할 수 있다.			
	샴푸 후 시술 자리로 안내할 수 있다.			

Beauty Customer Service

Lesson 4

시술에 따른 응대 서비스

1. 커트, 드라이에 따른 멘트 및 동선

1) 커트, 드라이 고객 맞이하기

다음은 커트와 드라이 서비스를 이용하는 고객을 응대할 때 사용할 수 있는 멘트이다. 아래 내용을 참고하여 자연스럽고 친절한 고객 응대 연습을 진행해 보도록 한다.

직원: 고객님 안녕하십니까! 무엇을 도와 드릴까요?

고객: 커트하고 싶어서 왔습니다.

직원: 네, 고객님! 오늘 처음 방문하셨나요? 혹시 예약하셨는지요?

고객: 오늘 처음 방문이에요.

직원: 혹시 소개받으시거나 찾으시는 디자이너 선생님이 있으신지요?

찾는 디자이너가 있을 때

고객: ○○○ 디자이너에게 하고 싶은데요.

직원: 네, 잠시만 대기석에서 기다리시면 ○○○ 디자이너 선생님 오늘 일정 확인 후에 안내드리겠습니다.

찾는 디자이너가 없을 때

고객: 없는데요.

직원: 네, 없으시군요. 잠시만 대기석에서 기다리시면 디자이너 선생님들 일정 확인 후에 곧 안내해 드리겠습니다.

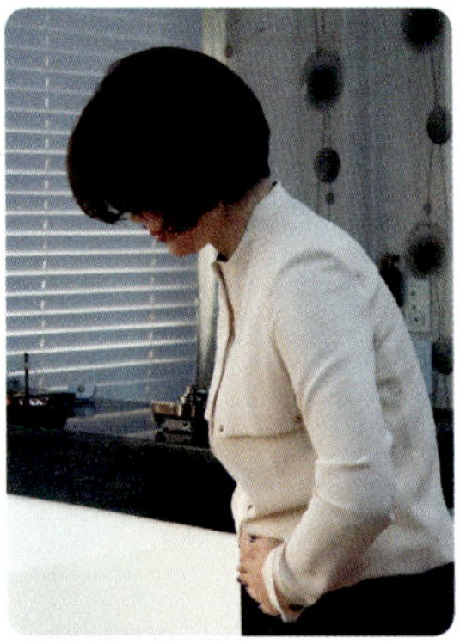

고객 맞이 인사하기

① 아이 콘택하기
② 안녕하십니까! 멘트
③ 보통례로 인사

대기석 착석 안내하기

① 신규 또는 예약 고객 확인하기
② 소개받았거나 기존에 하던 디자이너 선생님 확인하기
③ 대기석으로 안내하기

고객의 마음을 사로 잡는 인사

커트, 드라이 고객 맞이하기

상호 실습으로 고객 입장하기, 고객 맞이하여 신규/예약/기존 고객인지 확인하기, 하고 싶은 디자이너 선생님이 있는지 확인하기, 대기석으로 안내하기를 실습해 본다.

앞의 고객 맞이하기를 참고하여 멘트를 작성해 본다.

고객 맞이 인사하기 사진	대기석 착석 안내하기 사진

커트, 드라이 고객 맞이하기	
멘트 작성 해 보기	
느낀 점	
평가	

2) 커트, 드라이 고객 대기 응대하기

- 대기석으로 모시겠습니다.
- 이쪽에 앉으셔서 잠시만 기다려 주시면 됩니다. 기다리시는 동안 음료는 무엇으로 준비해 드릴까요?
- 따뜻한 음료는 커피와 녹차, 둥굴레차, 허브티 등이 있고, 차가운 음료도 있습니다.
- 네, 따뜻한 커피 준비하겠습니다.
- 따뜻한 커피, 드리겠습니다. 뜨거우니 조심히 드세요.
- 더 필요한 것 있으시면 말씀해 주시겠습니까?

① 쿠션 사용 안내하기

② 차 테이블 준비 완료하기

③ 차 접대하기

차 접대하기

상호 실습으로 대기 고객에게 쿠션 제공 및 사용 안내하기, 차 테이블이 없는 곳에는 간이 테이블 준비해 놓기, 테이블이 놓여 있다면 테이블의 책이나 이전에 사용된 것 등을 정리하기, 차 또는 음료 대접하기를 실습하고 사진 찍어 붙이고 실제 멘트를 작성해 본다.

① 쿠션 사용 안내하기 사진	② 차 테이블 준비 완료하기 사진	③ 차 접대하기 사진

대기 고객 접대하기	
멘트 작성해 보기	
느낀 점	
평가	

3) 커트, 드라이 고객 시술 준비하기

- 고객님! 많이 기다리셨습니다.
- 지명하신 ○○○ 디자이너 선생님께 안내해 드리겠습니다.
- 시술석으로 이동할까요.
- 이쪽으로 모시겠습니다.
- 네, 이 자리에 앉으시면 됩니다.
- 커트 준비를 도와드리겠습니다.
- 드라이보를 씌워 드리겠습니다.
- 커트보를 씌워 드리겠습니다.

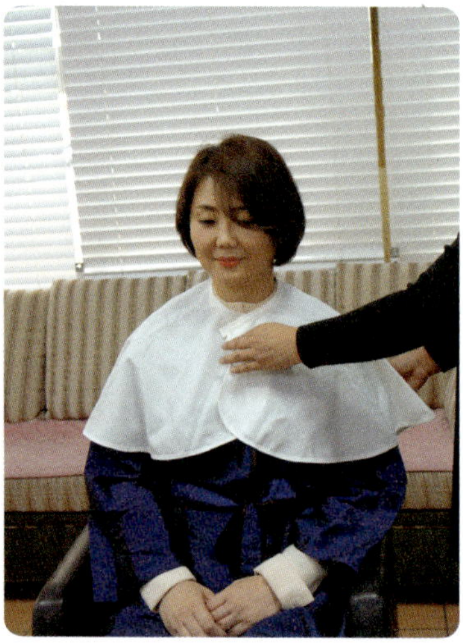

① 드라이보 씌우기

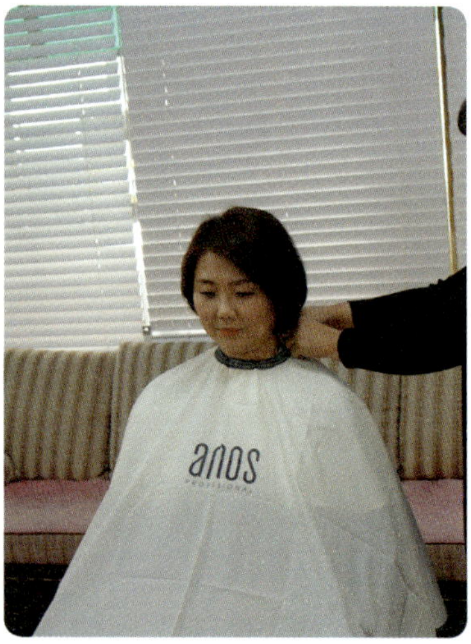

② 커트보 씌우기

시술석 안내 및 커트 준비하기

상호 실습으로 대기석에서 시술석으로 안내하기, 시술석 앉는 것을 돕는 행동에는 좌석 높이 조절하기, 회전의자가 움직이지 않도록 도와주기가 있다. 또한, 드라이보 씌우기, 커트보 씌우기, 머리카락 제거하기, 드라이보/커트보 벗기기를 실습하고 사진 찍어 붙이고 실제 멘트를 작성해 본다.

① 시술석 안내 모습 사진	② 시술의자 착석 돕기 사진	③ 드라이보 씌우기 사진
④ 커트보 씌우기 사진	⑤ 머리카락 제거하기 사진	⑥ 드라이보, 커트보 벗기기 사진

시술석 안내 및 커트 준비하기	
멘트 작성 해 보기	
느낀 점	
평가	

4) 커트, 드라이 고객 마무리하기

커트 및 드라이가 끝난 후 얼굴과 옷 등에 묻은 머리카락, 이물질 등이 잘 제거되었는지 확인한다. 또 다른 서비스나 필요한 것이 있는지, 스타일에 대한 만족도 여부 등을 확인하고, 데스크로 안내하여 정산을 돕는다.

- 고객님, 서비스를 마쳤습니다.
- 더 필요하신 것이 있으신지요? 고객님, 스타일링은 만족하시는지요?
- "고객님, 잘 어울리십니다."라고 덕담도 해 드린다.
- 고객님, 정산을 도와드리기 위해 데스크로 모시겠습니다.
- 커트와 드라이 포함하여 00,000원입니다.
- 현금으로 결제하시겠습니까? 네, 현금 오만 원 받았습니다.
- 현금영수증 드릴까요?
- 잔돈과 영수증 확인해 보십시오.
- 카드로 결제 도와드리겠습니다. 카드 받았습니다.
- 카드결제 00,000원 결제하겠습니다. 결제가 완료되었습니다.
- 카드와 영수증 받으시고 확인 부탁드립니다.
- 네, 감사합니다. 또 이용 바랍니다.
- 정산이 끝나면 배웅인사를 한다.
- 즐거운 시간되세요.

① 카드받기

② 카드 정산하기

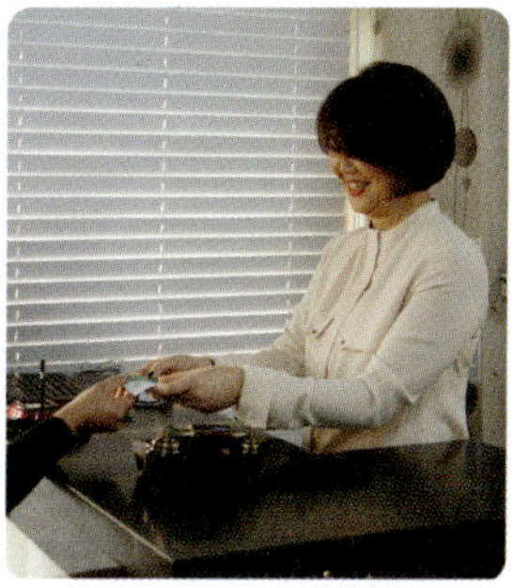

③ 카드와 영수증 드리기

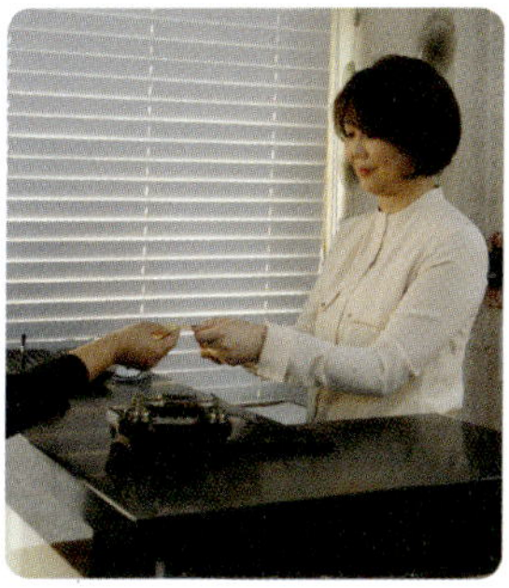

④ 현금받기

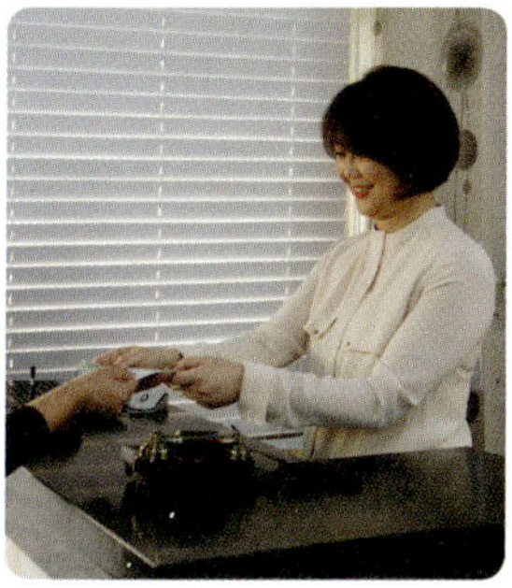

⑤ 잔돈과 영수증 드리기

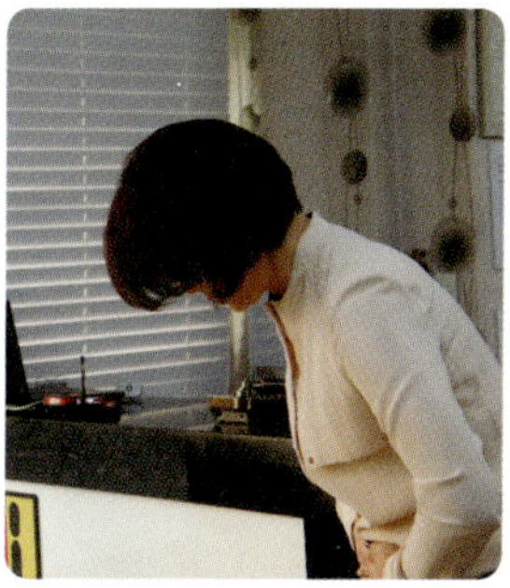

⑥ 배웅하기

상황에 맞는 고객응대 멘트 작성하기	
① 카드받기	
② 카드 정산하기	
③ 카드와 영수증 드리기	
④ 현금받기	
⑤ 잔돈과 영수증 드리기	
⑥ 배웅하기	

커트, 드라이 마무리하기

상호 실습으로 안내데스크로 이동 안내하기, 현금결제, 카드결제, 포인트 적립, 배웅으로 마무리하기 등의 과정에 생각열기로 역할을 연기하여 사진 찍어 붙이고 멘트를 작성해 본다.

<table>
<tr><td colspan="2"></td><td></td><td></td></tr>
<tr><td colspan="2">① 카드받기</td><td>② 카드 정산하기</td><td>③ 카드와 영수증 드리기</td></tr>
<tr><td colspan="2"></td><td></td><td></td></tr>
<tr><td colspan="2">④ 현금받기</td><td>⑤ 잔돈과 영수증 드리기</td><td>⑥ 배웅하기</td></tr>
<tr><td colspan="4">커트, 드라이 마무리하기</td></tr>
<tr><td>멘트
작성
해 보기</td><td colspan="3"></td></tr>
<tr><td>느낀 점</td><td colspan="3"></td></tr>
<tr><td>평가</td><td colspan="3"></td></tr>
</table>

커트, 드라이 고객 응대 동선

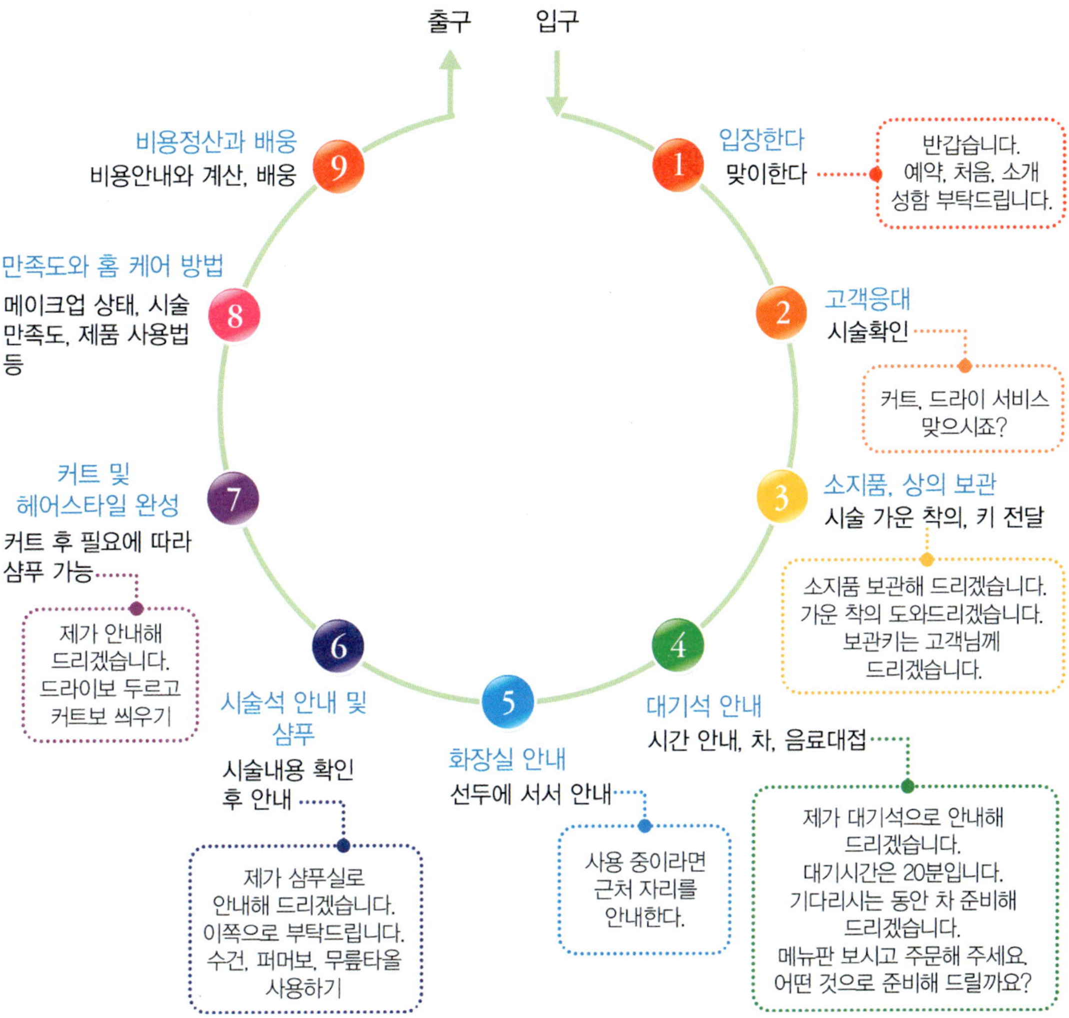

시술 응대 서비스 셀프 체크리스트

학습내용	평가내용	자기평가		
		미흡	보통	우수
고객 맞이	커트 또는 드라이 고객 맞이 안내 멘트를 할 수 있다.			
대기 응대	커트 또는 드라이 고객에게 자리를 안내할 수 있다.			
	커트 또는 드라이 고객에게 차에 대한 안내를 할 수 있다.			
	뜨거운 차와 차가운 차에 대한 적절한 안내를 할 수 있다			
시술 응대	고객을 디자이너 선생님께 안내할 수 있다.			
	고객에게 커트보 또는 드라이보를 씌워 줄 수 있다.			
고객 마무리	서비스를 마친 고객에게 정산을 도와줄 수 있다.			
	커트 또는 드라이 고객응대 동선을 파악할 수 있다.			

2. 퍼머에 따른 멘트 및 동선

1) 퍼머 고객 맞이하기

다음은 퍼머 서비스를 이용하는 고객을 응대할 때 사용할 수 있는 멘트이다. 아래 내용을 참고하여 자연스럽고 친절한 고객 응대 연습을 진행해 보도록 한다.

직원: 고객님, 안녕하십니까! 무엇을 도와드릴까요?

손님: 퍼머하고 싶은데요.

직원: 네, 고객님! 오늘 처음 방문하셨나요? 혹시 예약하셨는지요?
네, 오늘 처음 방문하셨군요. 혹시 소개받으신 디자이너 선생님이 있으신지요?

원하는 디자이너가 있을 때

손님: ○○○ 디자이너에게 하고 싶은데요.

직원: 네, 잠시만 대기석에서 기다리시면 ○○○ 디자이너 선생님 오늘 일정 확인 후에 안내해 드리겠습니다.
네, 예약 확인해 보고 안내해 드리겠습니다.
네, 고객님 ○○시에 퍼머 예약 확인됩니다.

원하는 디자이너가 없을 때

직원: 원하시는 디자이너 선생님 계신지요?

손님: 없는데요.

직원: 네, 그럼 어떤 선생님이 담당하실지 확인하고 바로 모시겠습니다. 잠시만 대기석에서 기다리시면 오늘 일정 확인 후에 곧 안내드리겠습니다.

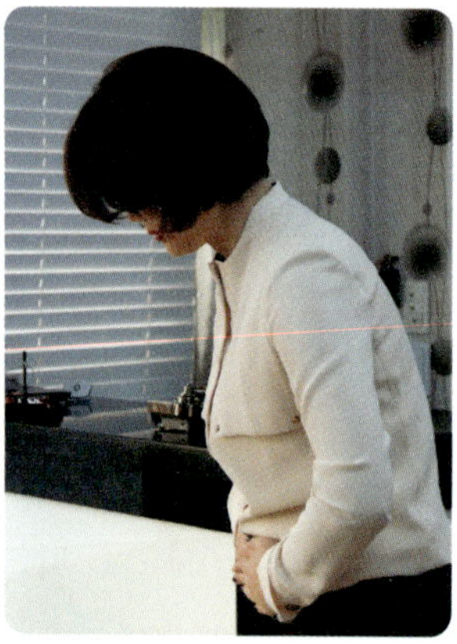

고객 맞이 인사하기

대기석 착석 안내하기

상황에 맞는 고객응대 멘트 작성하기	
고객 방문	
고객 응대	
방향 안내	
동선 안내	
대기실 안내	
비고	

퍼머 고객 맞이하기

상호 실습으로 고객 입장하기, 고객 맞이하여 신규/예약/기존 고객인지 확인, 하고 싶은 디자이너 선생님이 있는지 확인, 대기석으로 안내하기 등의 멘트를 스태프 입장에서 만들고 실습해 본다.

실습 상황은 아래 내용으로 적용하여 상호 실습한다.

① 보통례로 인사하기 사진	② 예약고객 안내하기 사진
③ 대기석으로 안내하기 사진	④ 착석 안내하기 사진

퍼머 고객 맞이하기	
멘트 작성 해 보기	
느낀 점	
평가	

2) 퍼머 대기 고객 응대하기

- 대기석으로 모시겠습니다.
- 이쪽에 앉으셔서 잠시만 기다려 주시면 됩니다. 기다리시는 동안 준비된 음료는 무엇으로 준비해 드릴까요?
- 따뜻한 음료는 커피와 녹차, 둥굴레차, 허브티 등이 있고, 차가운 음료도 있습니다.
- 네, 따뜻한 커피 준비하겠습니다.
- 따뜻한 커피입니다. 뜨거우니 조심히 드세요.
- 더 필요한 것 있으시면 말씀해 주시겠습니까?
- 기다리시는 동안 잡지나 읽으실 거리를 준비해 드릴까요?
- 네, 바로 준비해 드리겠습니다.
- 고객님, 여기 책 드리겠습니다.
- 책 보시며 차나 음료 필요하시면 말씀해 주세요.
- 다른 필요하신 것 있으시면 말씀해 주십시오.

① 쿠션 제공하기

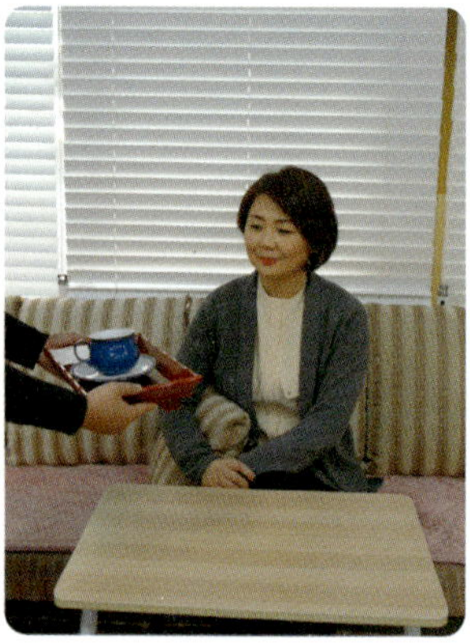

② 차 접대하기

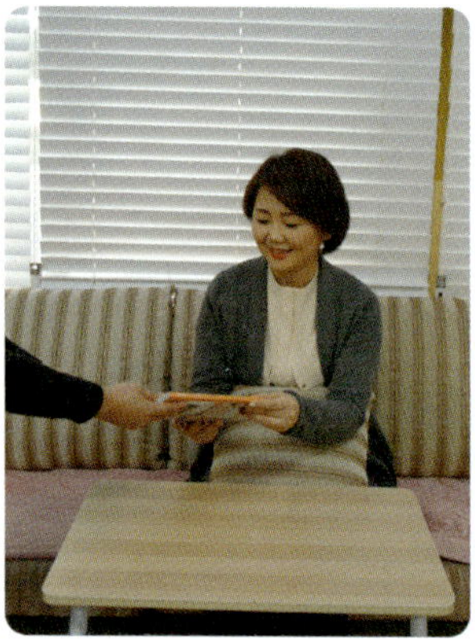

③ 책 제공하기

퍼머 대기 고객 응대하기

상호 실습으로 처음 내방한 고객에게는 대기 시 고객 카드를 작성하도록 안내한다. 또한 쿠션 제공 및 사용 안내하기, 책이나 잡지 제공하기, 차 테이블이 없는 곳에는 간이 테이블 준비해 놓기, 테이블이 놓여 있다면 테이블의 책이나 이전에 사용된 것 등을 정리하기, 차 또는 음료 대접하기를 실습하고 사진 찍어 붙이고 실제 멘트를 작성해 본다.

① 쿠션 사용 안내 사진	② 차나 책 접대하기 사진	③ 고객 카드 작성하기 사진

퍼머 대기 고객 응대하기	
멘트 작성해 보기	
느낀 점	
평가	

3) 퍼머 고객 시술 준비하기

- 고객님! 많이 기다리셨습니다.
- 지명하신 ○○○ 디자이너 선생님께 안내해 드리겠습니다.
- 그 전에 소지품과 외투를 보관해 드리고 가운으로 갈아입으러 보관함 쪽으로 이동하시겠습니다. 저와 함께 가시겠습니다. 여기입니다.
- 가방이나 소지품 보관할 것 있으시면 주시겠습니까? 외투 주시겠습니까?
- 네, 가방과 외투 보관해 드리겠습니다.
- 가운 착용 도와드리겠습니다.
- 가운 입기 쉽게 양팔을 조금만 벌려 주시겠습니까?
- 네, 팔을 끼워 주시기 바랍니다.
- 가운 묶어 드릴까요?
- 네, 시술석으로 이동하시겠습니다.
- 이쪽으로 모시겠습니다. 네, 이 자리에 앉으시면 됩니다.
- 퍼머 준비를 도와드리겠습니다.
- 수건을 씌워 드리겠습니다.
- 퍼머보를 씌워 드리겠습니다. 준비 다 되었습니다. 디자이너 선생님 오셔서 퍼머 해 주실 것입니다. 잠시만 기다려 주십시오.

① 소지품 받기

② 소지품 보관하기

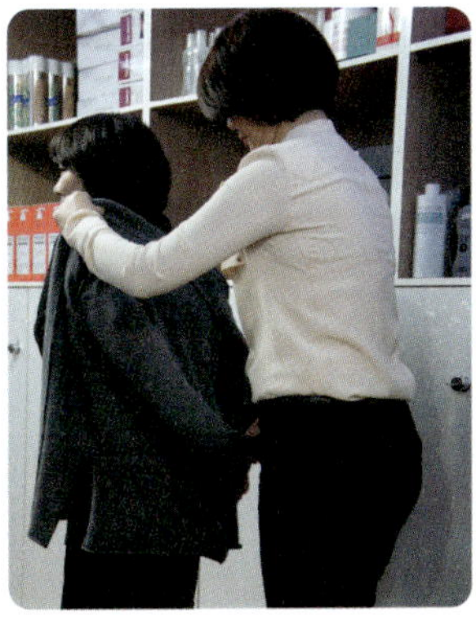

③ 외투 탈의 돕기

④ 외투 보관하기

⑤ 사물함 잠그기

⑥ 사물함 열쇠 드리기

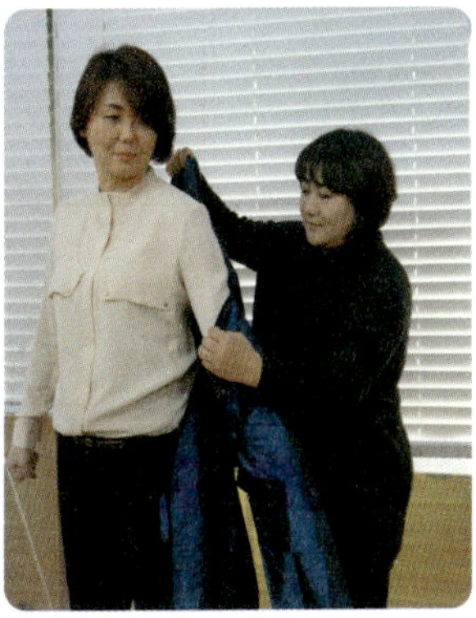

⑦ 가운 입히기 1

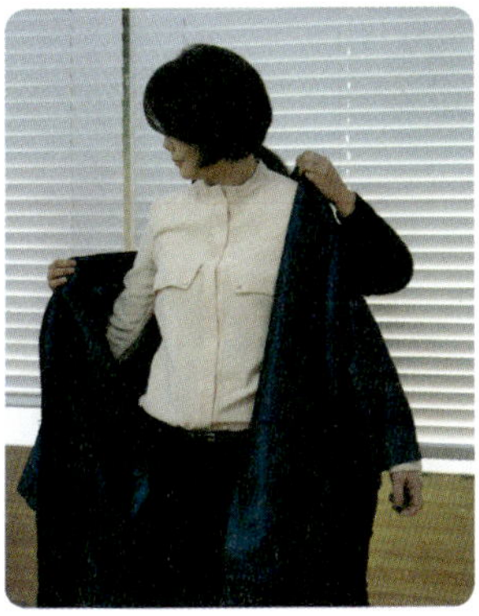

⑧ 가운 입히기 2

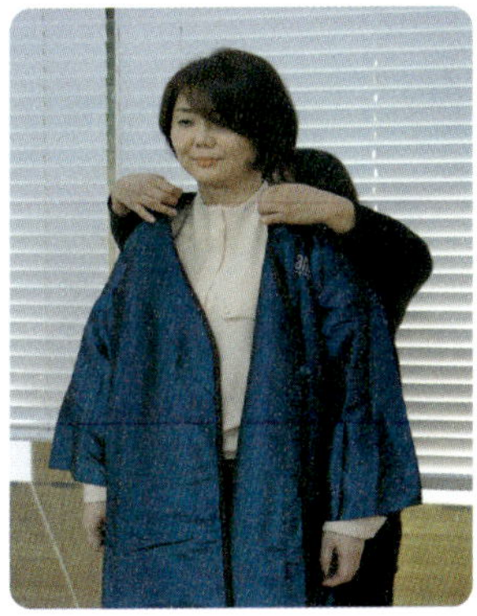

⑨ 가운 입히기 3

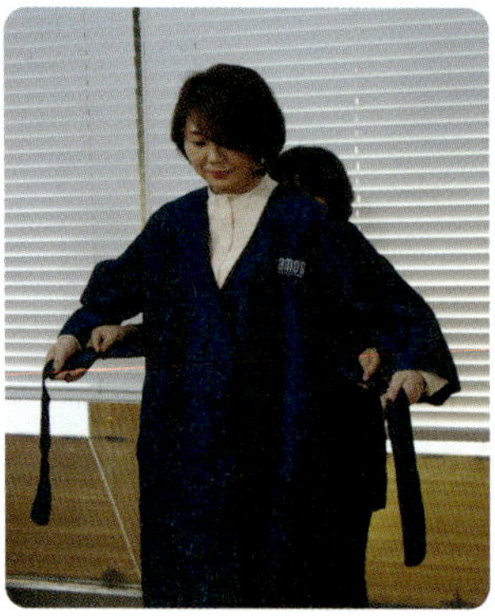

⑩ 가운 입히기 4

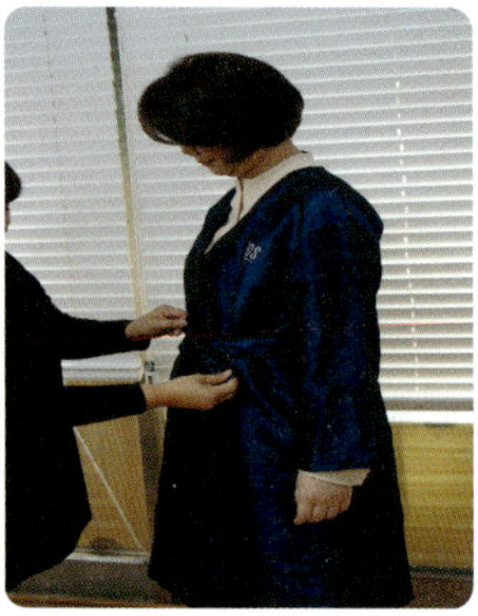

⑪ 가운 입히기 5

⑫ 시술석으로 안내하기

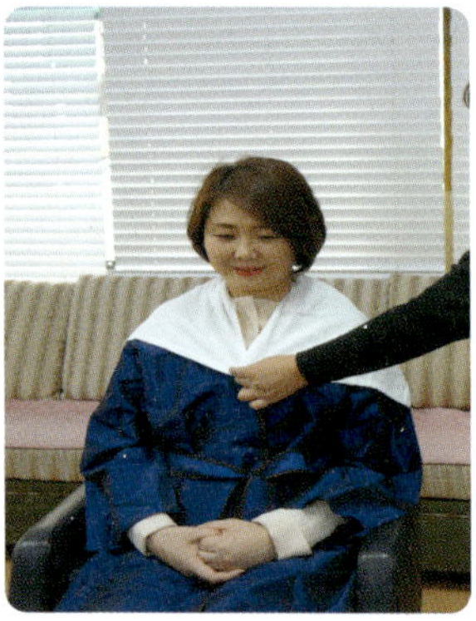

⑬ 수건 씌우기

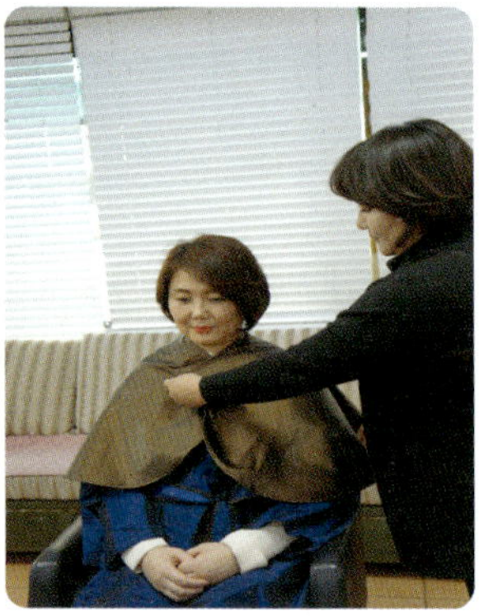

⑭ 퍼머보 씌워 주기

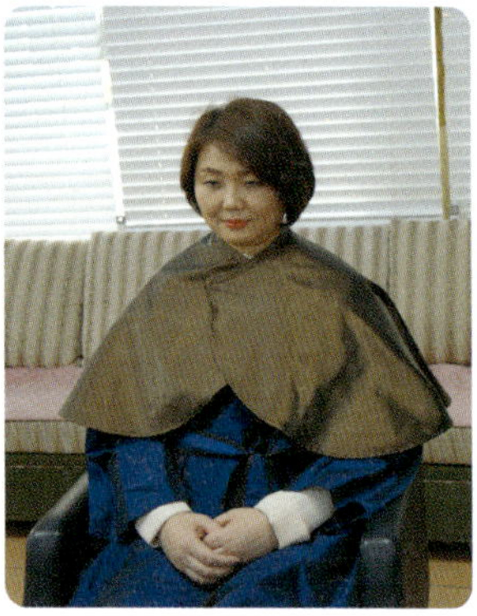

⑮ 퍼머보 씌우기 완성

⑯ 퍼머열처리 시간에 차 대접하기

⑰ 퍼머열처리 시 책 제공하기

⑱ 대기 시 신규 고객 카드작성하기

시술석 안내 및 퍼머 준비하기

상호 실습을 반복적으로 연습하기, 대기석에서 시술석으로 안내하기, 시술석 앉는 것 돕기, 좌석 높이 사전 조절하기, 회전의자가 움직이지 않도록 잡아 주기, 수건 씌우기, 퍼머보 씌우기를 실습하고 사진 찍어 붙이고 실제 멘트를 작성해 본다.

생각열기와 멘트하는 것이 반복적으로 익숙하지 않으면 생각보다 힘들다. 여러 분들이 입에서 저절로 나올 수 있을 때까지 반복연습하면 전문가가 될 수 있다.

친구들과 고객과 스태프의 역할연기로 사진을 찍으며 서로 친밀해지기를 기대한다. 신규 고객의 고객카드를 작성하기에는 시술 전 대기 시간이 길 때, 퍼머 와인딩 뒤 열처리하거나 자연 방치 시간에 작성하는 것이 좋다.

① 소지품 받기	② 소지품 보관하기	③ 외투 탈의 돕기
④ 외투 보관하기	⑤ 사물함 잠그기	⑥ 사물함 열쇠 드리기
⑦ 가운 입히기 1	⑧ 가운 입히기 2	⑨ 가운 입히기 3

⑩ 가운 입히기 4	⑪ 가운 입히기 5	⑫ 시술석으로 안내하기
⑬ 수건 씌우기	⑭ 퍼머보 씌워주기	⑮ 퍼머보 씌우기 완성
⑯ 퍼머열처리 시간에 차 대접하기	⑰ 퍼머열처리 시 책 제공하기	⑱ 대기 시 신규 고객 카드 작성하기

시술석 안내 및 퍼머 준비하기	
멘트 작성 해 보기	
느낀 점	
평가	

4) 퍼머 고객 마무리하기

퍼머가 끝나고 나면 얼굴과 옷 등에 묻은 머리카락, 이물질 등이 잘 제거되었는지 확인한다. 또 다른 서비스나 필요한 것이 있는지, 스타일에 대한 만족도 여부, 홈 케어 방법과 제품 사용 방법 등을 설명하고 데스크로 안내하여 정산을 도와준다.

- 고객님, 퍼머 서비스를 마쳤습니다.
- 더 필요하신 것이 있으신지요? 고객님, 스타일링은 만족하시는지요?
- "고객님, 잘 어울리십니다."라고 덕담도 해 드린다.
- 고객님 정산을 도와드리기 위해 데스크로 모시겠습니다.
- 퍼머요금은 000,000원입니다.
- 현금으로 결제하시겠습니까? 네, 현금 십만 원 받았습니다.
- 잔돈과 영수증 확인해 보십시오.
- 카드로 결제 도와드리겠습니다. 카드 받았습니다.
- 카드결제 000,000원 결제하겠습니다. 오만 원 이상은 서명 부탁드립니다.
- 결제가 완료되었습니다. 카드와 영수증 받으시고 확인 부탁드립니다.
- 네, 감사합니다. 또 이용바랍니다.
- 정산이 끝나면 배웅인사를 한다.
- 즐거운 시간되세요.

① 카드받기

② 카드 정산하기

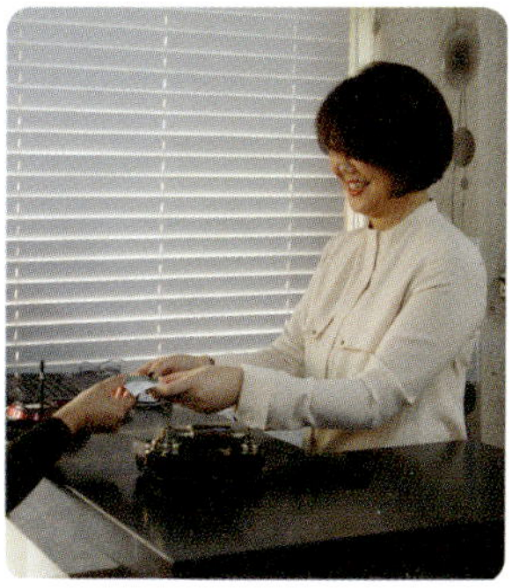

③ 카드와 영수증 드리기

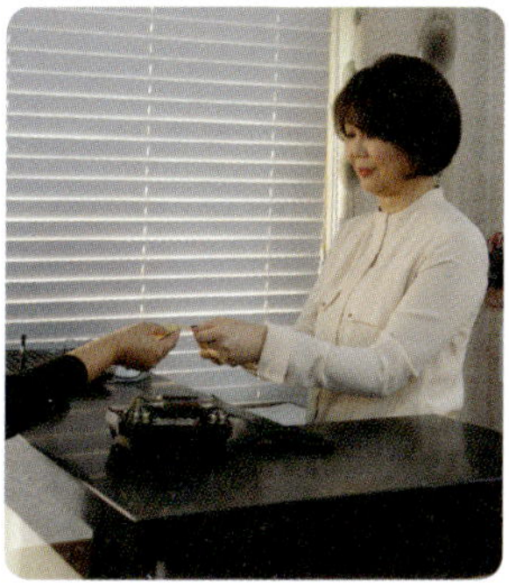

④ 현금받기

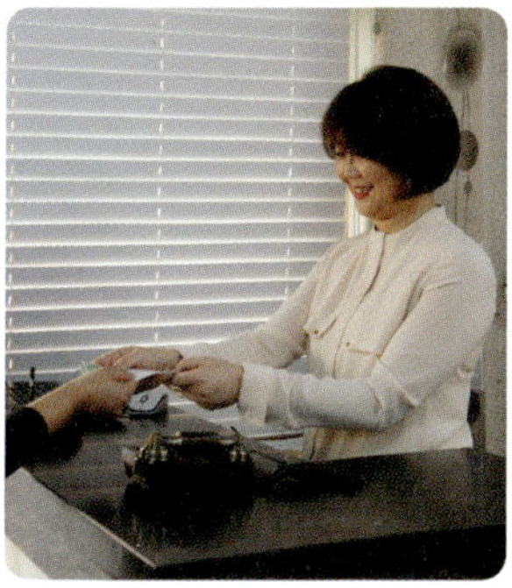

⑤ 잔돈과 영수증 드리기

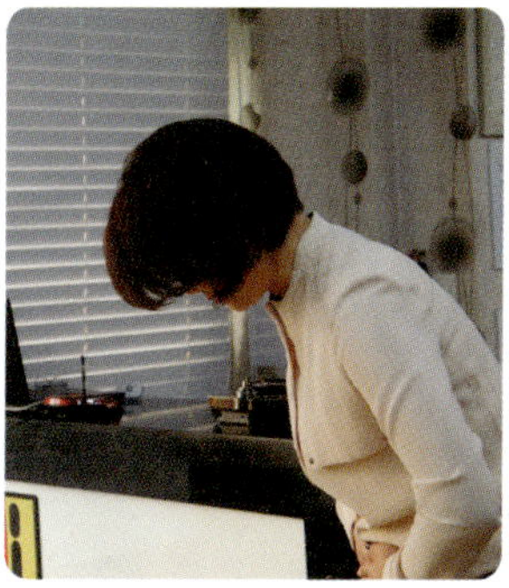

⑥ 배웅하기

퍼머 고객 마무리하기

상호 실습으로 안내데스크로 이동안내하기, 현금결제할지, 카드결제할지, 포인트 적립할지, 배웅으로 마무리하기 등의 과정에 생각열기로 역할을 연기하여 사진 찍어 붙이고 멘트를 작성해 본다.

① 카드받기	② 카드 정산하기	③ 카드와 영수증 드리기
④ 현금받기	⑤ 잔돈과 영수증 드리기	⑥ 배웅하기

퍼머 고객 마무리하기	
멘트 작성 해 보기	
느낀 점	
평가	

퍼머 고객 응대 동선

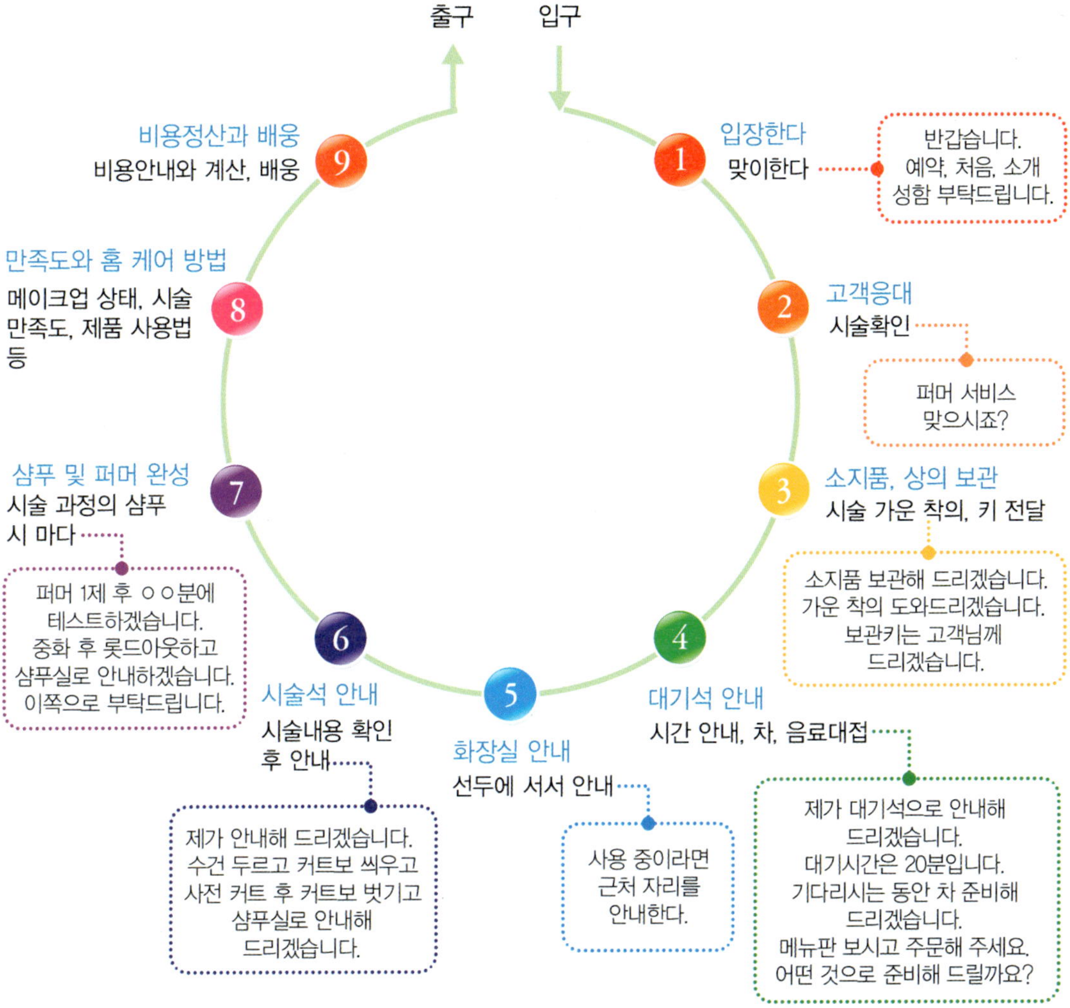

출구
입구
1
입장한다
맞이한다
반갑습니다.
예약, 처음, 소개
성함 부탁드립니다.
2
고객응대
시술확인
퍼머 서비스
맞으시죠?
3
소지품, 상의 보관
시술 가운 착의, 키 전달
소지품 보관해 드리겠습니다.
가운 착의 도와드리겠습니다.
보관키는 고객님께
드리겠습니다.
4
대기석 안내
시간 안내, 차, 음료대접
제가 대기석으로 안내해
드리겠습니다.
대기시간은 20분입니다.
기다리시는 동안 차 준비해
드리겠습니다.
메뉴판 보시고 주문해 주세요.
어떤 것으로 준비해 드릴까요?
5
화장실 안내
선두에 서서 안내
사용 중이라면
근처 자리를
안내한다.
6
시술석 안내
시술내용 확인
후 안내
제가 안내해 드리겠습니다.
수건 두르고 커트보 씌우고
사전 커트 후 커트보 벗기고
샴푸실로 안내해
드리겠습니다.
7
샴푸 및 퍼머 완성
시술 과정의 샴푸
시 마다
퍼머 1제 후 ㅇㅇ분에
테스트하겠습니다.
중화 후 롯드아웃하고
샴푸실로 안내하겠습니다.
이쪽으로 부탁드립니다.
8
만족도와 홈 케어 방법
메이크업 상태, 시술
만족도, 제품 사용법
등
9
비용정산과 배웅
비용안내와 계산, 배웅

시술 응대 서비스 셀프 체크리스트

학습내용	평가내용	자기평가		
		미흡	보통	우수
고객 맞이	고객 맞이 안내 멘트를 할 수 있다.			
대기 응대	고객에게 자리를 안내할 수 있다.			
	고객의 가운 착용을 도울 수 있다.			
	고객에게 차에 대한 안내를 할 수 있다.			
	뜨거운 차와 차가운 차에 대한 적절한 안내를 할 수 있다.			
시술 응대	고객을 디자이너 선생님께 안내할 수 있다.			
	고객에게 수건과 퍼머보를 씌워 줄 수 있다.			
	열처리 시 음료나 책을 제공할 수 있다.			
고객 마무리	서비스를 마친 고객에게 정산을 도와줄 수 있다.			
	퍼머 고객의 응대 동선을 파악할 수 있다.			

3. 염색에 따른 멘트 및 동선

1) 염색 고객 맞이하기

다음은 염색 서비스를 이용하는 고객을 응대할 때 사용할 수 있는 멘트이다. 아래 내용을 참고하여 자연스럽고 친절한 고객 응대 연습을 진행해 보도록 한다.

직원: 고객님, 안녕하십니까! 무엇을 도와드릴까요?

고객: 염색하고 싶은데요. 또는 새치 커버하려구요. 등등

직원: 네, 고객님! 오늘 처음 방문하셨나요? 혹시 예약하셨는지요?

고객: 네, 오늘 처음 방문했어요.

직원: 혹시 소개받으신 디자이너 선생님이 있으신지요?

원하는 디자이너가 있을 때

고객: ○○○ 디자이너에게 하고 싶은데요.

직원: 네, 잠시만 대기석에서 기다리시면 예약 확인 후에 안내해 드리겠습니다.
네, 고객님 ○○시에 염색 예약 확인됩니다.

원하는 디자이너가 없을 때

직원: 원하시는 디자이너 선생님 계신지요?

고객: 없는데요.

직원: 네, 그럼 잠시만 대기석에서 기다리시면 디자이너 선생님들 오늘 일정 확인 후에 곧 안내해 드리겠습니다.

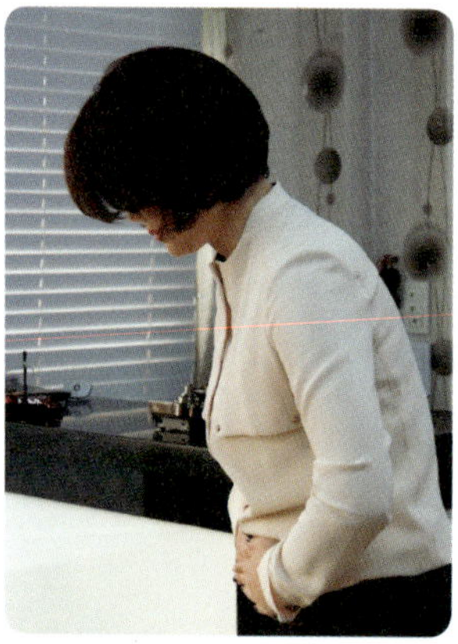

고객 맞이 인사하기

대기석 착석 안내하기

상황에 맞는 고객응대 멘트 작성하기	
고객 방문	
고객 응대	
방향 안내	
동선 안내	
대기실 안내	
비고	

염색 고객 맞이하기

상호 실습으로 고객 입장하기, 고객 맞이하여 신규/예약/기존 고객인지 확인하기, 하고 싶은 디자이너 선생님이 있는지 확인하기, 대기석으로 안내하기 등의 멘트를 스태프 입장에서 만들고 실습해 보자.

실습 상황은 다음 내용으로 적용한다.

① 보통례로 인사하기 사진	② 예약고객 안내하기 사진
③ 대기석으로 안내하기 사진	④ 착석 안내하기 사진

염색 고객 맞이하기	
멘트 작성 해 보기	
느낀 점	
평가	

2) 염색 대기 고객 응대하기

- 대기석으로 모시겠습니다.
- 이쪽에 앉으셔서 잠시만 기다려 주시면 됩니다. 기다리시는 동안 준비된 음료가 있는데 무엇으로 준비해 드릴까요?
- 따뜻한 음료는 커피와 녹차, 둥굴레차, 허브티 등이 있고, 차가운 음료도 있습니다.
- 네, 따뜻한 커피 준비하겠습니다.
- 따뜻한 커피입니다. 뜨거우니 조심히 드세요.
- 더 필요한 것 있으시면 말씀해 주시겠습니까?
- 기다리는 시간 보실 것을 준비해 드릴까요?
- "네, 잡지나 책을 주세요."
- 네, 바로 준비해 드리겠습니다.
- 고객님, 여기 책 드리겠습니다.
- 책 보시며 차나 음료 필요하시면 말씀해 주세요.
- 다른 필요한 것 있으시면 말씀해 주세요.

① 쿠션 제공하기

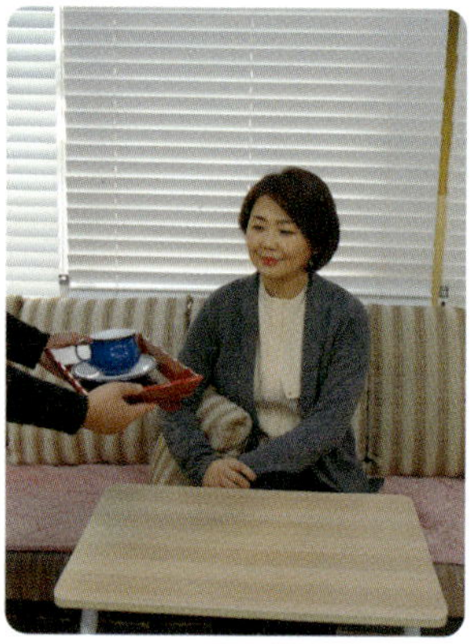
② 차 접대하기

③ 책 제공하기

염색 대기 고객 응대하기

상호 실습으로 처음 내방한 고객에게는 대기 시 고객 카드를 작성하도록 안내한다. 또한 쿠션 제공 및 사용 안내하기, 책이나 잡지 제공하기, 차 테이블이 없는 곳에는 간이 테이블 준비해 놓기, 테이블이 놓여 있다면 테이블의 책이나 이전에 사용된 것 등을 정리하기, 차 또는 음료 대접하기를 실습하고 사진 찍어 붙이고 실제 멘트를 작성해 본다.

스태프가 하는 여러 가지 일들이 자연스러워지도록 반복 훈련한다.

<table>
<tr><td> </td><td> </td><td> </td></tr>
<tr><td>① 쿠션 사용 안내 사진</td><td>② 차나 책 접대하기 사진</td><td>③ 신규 고객 카드 작성하기 사진</td></tr>
<tr><td colspan="3">염색 대기 고객 응대하기</td></tr>
<tr><td>멘트 작성 해 보기</td><td colspan="2"> </td></tr>
<tr><td>느낀 점</td><td colspan="2"> </td></tr>
<tr><td>평가</td><td colspan="2"> </td></tr>
</table>

3) 염색 고객 시술 준비하기

- 고객님! 많이 기다리셨습니다.
- 지명하신 ○○○ 디자이너 선생님께 안내해 드리겠습니다
- 그 전에 소지품과 외투를 보관해 드리고 가운으로 갈아입으러 보관함 쪽으로 이동하시겠습니다. 제가 모시겠습니다. 이쪽으로 이동하시겠습니다. 여기입니다.
- 가방이나 소지품 보관해 드릴 것 있으시면 주시겠습니까? 외투 주시겠습니까?
- 네, 가방과 외투 보관해 드리겠습니다.
- 가운 착용 도와드리겠습니다.
- 가운 입기 쉽게 양팔을 조금만 벌려 주시겠습니까.
- 네, 팔을 끼워 주세요.
- 가운 묶어 드릴까요.
- 네, 시술석으로 이동하시겠습니다.
- 이쪽으로 모시겠습니다. 네, 이 자리에 앉으시면 됩니다.
- 염색 준비를 도와드리겠습니다.
- 수건을 씌워 드리겠습니다.
- 염색보를 씌워 드리겠습니다. 준비가 다 되었습니다. 디자이너 선생님 오셔서 염색해 드릴 것입니다. 잠시만 기다려 주십시오.
- 원하시는 컬러가 있으신지요?
- 색상 차트 준비해 드리겠습니다.

① 소지품 받기

② 소지품 보관하기

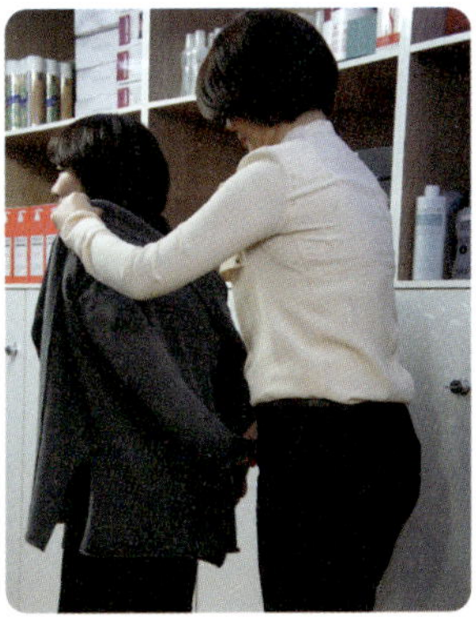

③ 외투 탈의 돕기

④ 외투 보관하기

⑤ 사물함 잠그기

⑥ 사물함 열쇠 드리기

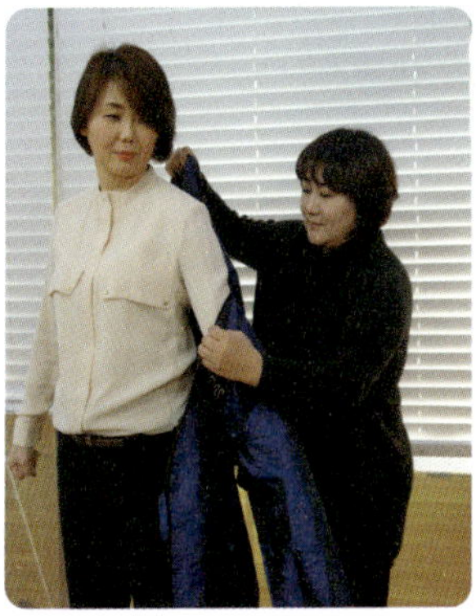

⑦ 가운 입히기 1

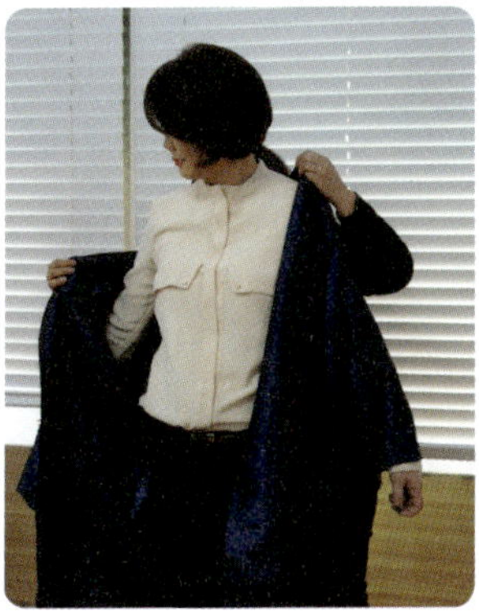

⑧ 가운 입히기 2

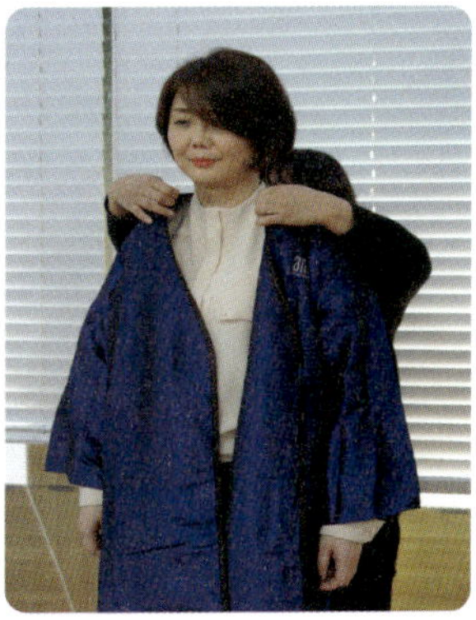

⑨ 가운 입히기 3

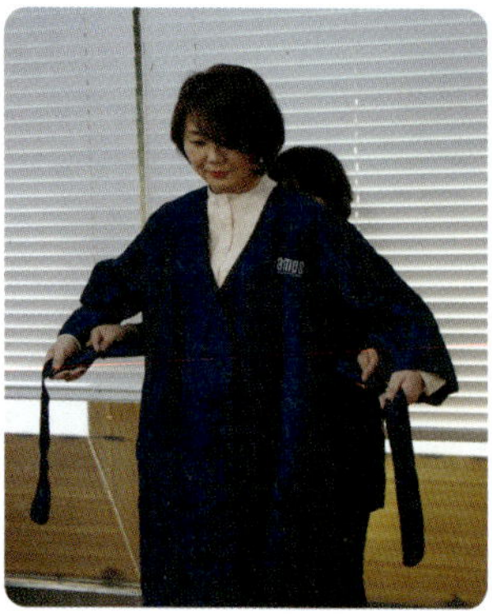

⑩ 가운 입히기 4

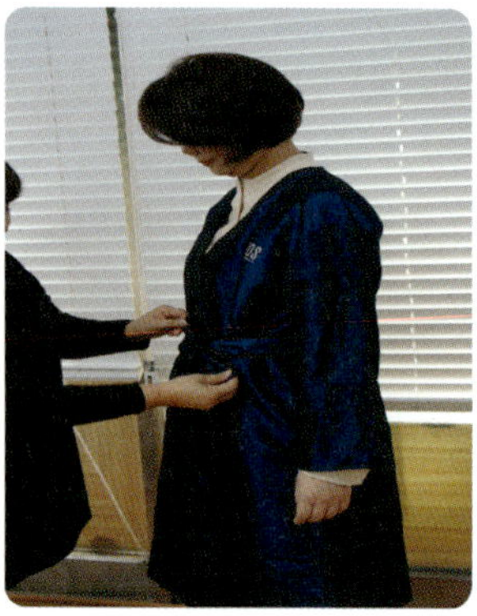

⑪ 가운 입히기 5

⑫ 시술석으로 안내하기

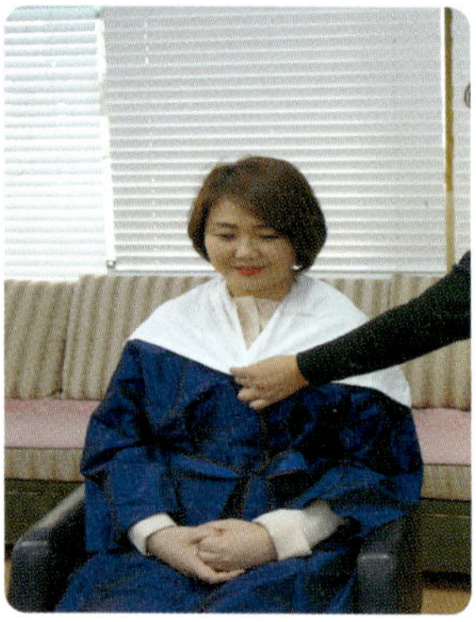

⑬ 수건 씌우기

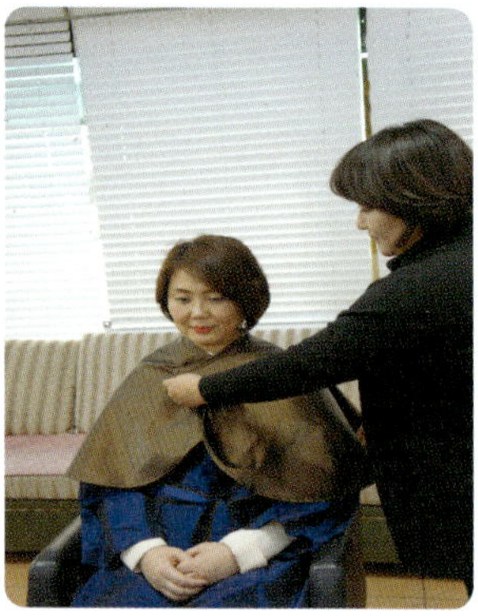

⑭ 염색보 씌워주기

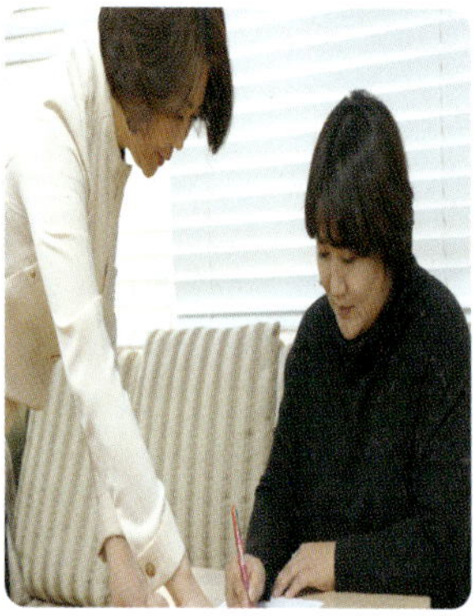

⑮ 신규 고객 카드 작성하기

시술석 안내 및 염색 준비하기

상호 실습으로 대기석에서 시술석으로 안내하기, 시술석 앉는 것 돕는 행동에는 좌석 높이 조절하기, 회전의자가 움직이지 않도록 도와주기가 있다. 수건 씌우기, 퍼머보 씌우기를 실습하고 사진 찍어 붙이고 실제 멘트를 작성해 본다.

① 소지품 받기	② 소지품 보관하기	③ 외투 탈의 돕기
④ 외투 보관하기	⑤ 사물함 잠그기	⑥ 사물함 열쇠 드리기
⑦ 가운 입히기 1	⑧ 가운 입히기 2	⑨ 가운 입히기 3

⑩ 가운 입히기 4	⑪ 가운 입히기 5	⑫ 시술석으로 안내하기
⑬ 수건 씌우기	⑭ 염색보 씌워 주기	⑮ 신규 고객 카드 작성하기

시술석 안내 및 염색 준비하기	
멘트 작성 해 보기	
느낀 점	
평가	

4) 염색 고객 마무리하기

염색이 끝나고 나면 얼굴과 옷 등에 묻은 머리카락, 이물질 등이 잘 제거되었는지 확인한다. 또 다른 서비스나 필요한 것이 있는지 스타일에 대한 만족도 여부, 홈 케어 방법과 제품 사용방법 등을 설명하고 데스크로 안내하여 정산을 도와준다.

- 고객님, 염색 서비스를 마쳤습니다.
- 더 필요하신 것이 있으신지요? 고객님, 헤어스타일은 만족하시는지요?
- "고객님, 잘 어울리십니다."라고 덕담도 해 드린다.
- 고객님, 정산을 도와드리기 위해 데스크로 모시겠습니다.
- 염색 요금은 000,000원입니다.
- 현금으로 결제하시겠습니까? 네, 현금 십만 원 받았습니다.
- 현금영수증 드릴까요?
- 잔돈과 영수증 확인해 보십시오.
- 카드로 결제 도와드리겠습니다. 카드 받았습니다.
- 카드결제 000,000원 결제하겠습니다. 오만 원 이상은 서명 부탁드립니다.
- 결제가 완료되었습니다. 카드와 영수증 받으시고 확인 부탁드립니다.
- 네, 감사합니다. 또 이용 바랍니다.
- 정산이 끝나면 배웅인사를 한다.
- 즐거운 시간되세요.

① 카드받기

② 카드 정산하기

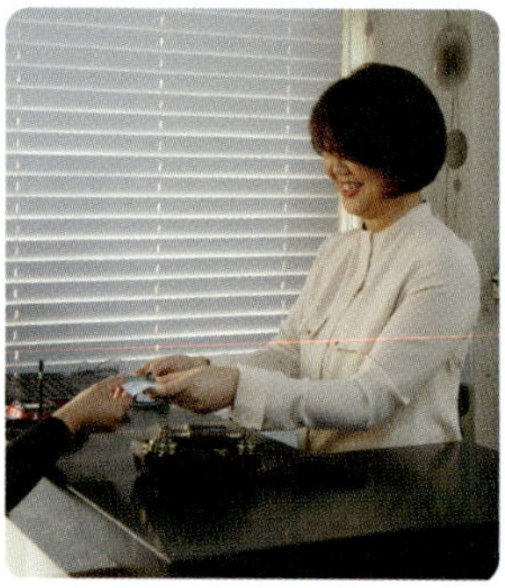

③ 카드와 영수증 드리기

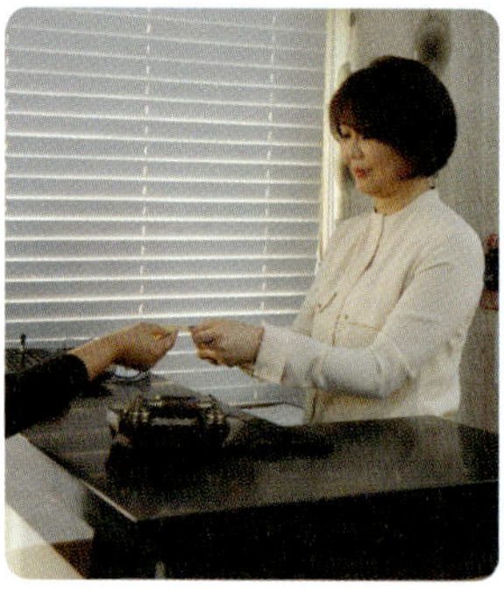

④ 현금받기

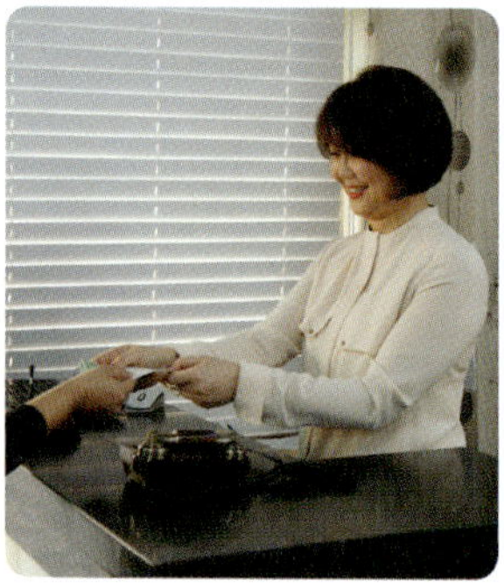

⑤ 잔돈과 영수증 드리기

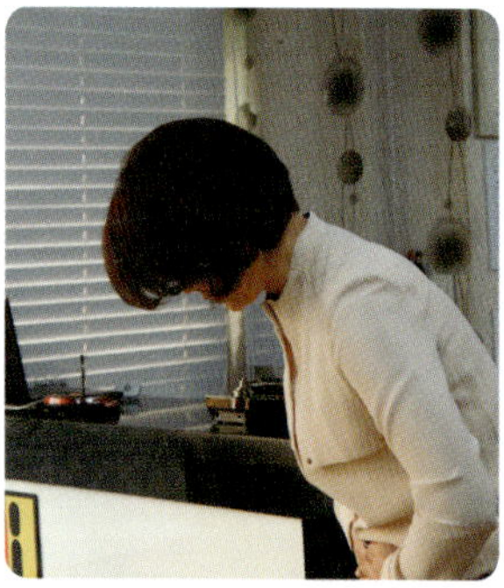

⑥ 배웅하기

염색 고객 마무리하기

상호 실습으로 안내데스크로 이동 안내하기, 현금결제할지, 카드 결제할지, 포인트 적립할지, 배웅으로 마무리하기 등의 과정에 생각 열기로 역할을 연기하여 사진 찍어 붙이고 멘트를 작성해 본다.

① 카드받기	② 카드 정산하기	③ 카드와 영수증 드리기
④ 현금받기	⑤ 잔돈과 영수증 드리기	⑥ 배웅하기

펌에 고객 마무리하기	
멘트 작성 해 보기	
느낀 점	
평가	

염색 고객 응대 동선

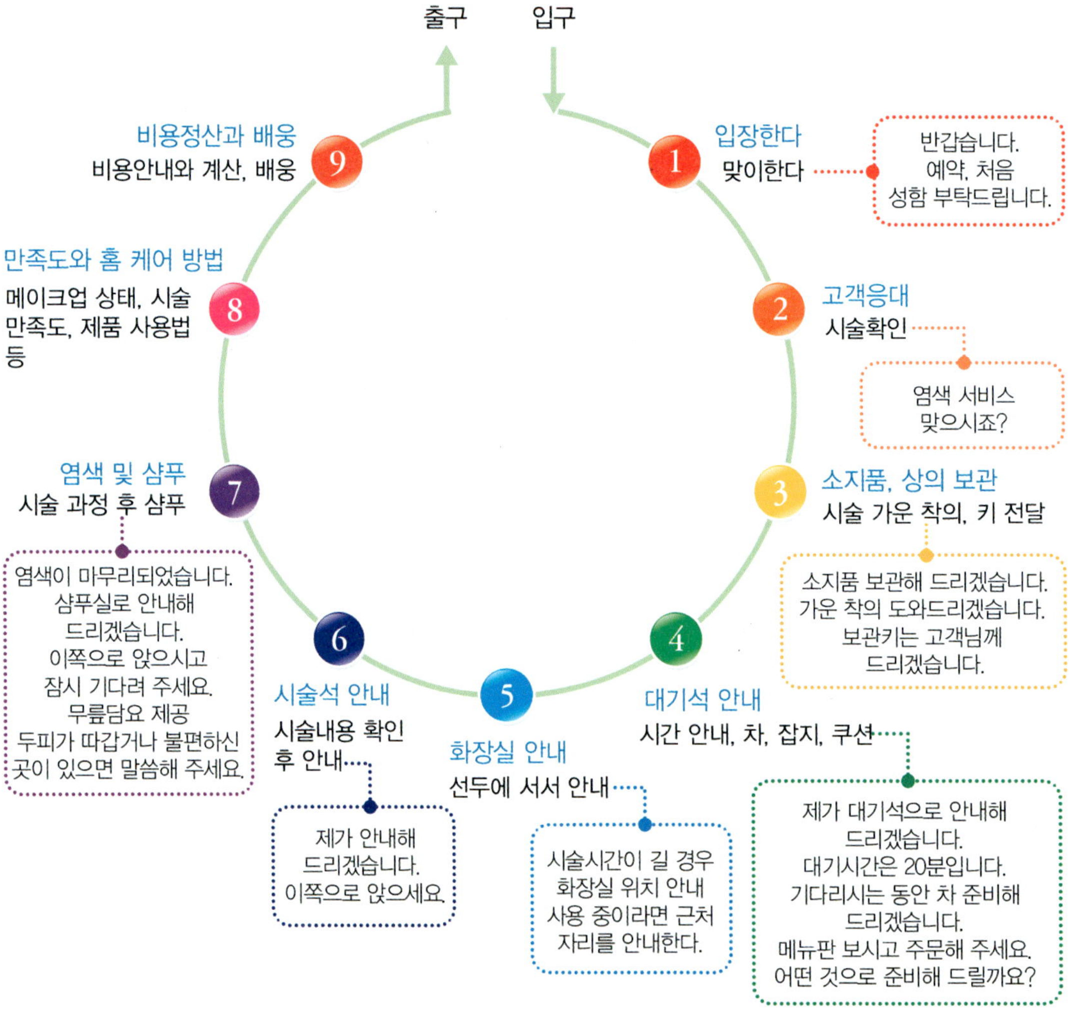

출구
입구
1 입장한다
맞이한다
반갑습니다.
예약, 처음
성함 부탁드립니다.
2 고객응대
시술확인
염색 서비스
맞으시죠?
3 소지품, 상의 보관
시술 가운 착의, 키 전달
소지품 보관해 드리겠습니다.
가운 착의 도와드리겠습니다.
보관키는 고객님께
드리겠습니다.
4 대기석 안내
시간 안내, 차, 잡지, 쿠션
제가 대기석으로 안내해
드리겠습니다.
대기시간은 20분입니다.
기다리시는 동안 차 준비해
드리겠습니다.
메뉴판 보시고 주문해 주세요.
어떤 것으로 준비해 드릴까요?
5 화장실 안내
선두에 서서 안내
시술시간이 길 경우
화장실 위치 안내
사용 중이라면 근처
자리를 안내한다.
6 시술석 안내
시술내용 확인
후 안내
제가 안내해
드리겠습니다.
이쪽으로 앉으세요.
7 염색 및 샴푸
시술 과정 후 샴푸
염색이 마무리되었습니다.
샴푸실로 안내해
드리겠습니다.
이쪽으로 앉으시고
잠시 기다려 주세요.
무릎담요 제공
두피가 따갑거나 불편하신
곳이 있으면 말씀해 주세요.
8 만족도와 홈 케어 방법
메이크업 상태, 시술
만족도, 제품 사용법
등
9 비용정산과 배웅
비용안내와 계산, 배웅

시술 응대 서비스 셀프 체크리스트

학습내용	평가내용	자기평가		
		미흡	보통	우수
고객 맞이	고객 맞이 안내 멘트를 할 수 있다.			
대기 응대	고객에게 자리를 안내할 수 있다.			
	고객의 가운 착용을 도울 수 있다.			
	고객에게 차에 대한 안내를 할 수 있다.			
	뜨거운 차와 차가운 차에 대한 적절한 안내를 할 수 있다.			
시술 응대	고객을 디자이너 선생님께 안내할 수 있다.			
	고객에게 수건과 염색보를 씌워 줄 수 있다.			
	음료나 책을 제공할 수 있다.			
고객 마무리	서비스를 마친 고객에게 정산을 도와줄 수 있다.			
	염색 고객의 응대 동선을 파악할 수 있다.			

Beauty Customer
Service

Lesson 5

마무리 고객 관리하기

1. 고객 만족도 조사하기

고객 만족이란 고객과 눈높이를 맞추는 것이다. 고객이 무엇을 원하고 있으며, 무엇이 불만인지 알아내고 고객의 기대에 부응하는 우수한 제품과 서비스로 고객이 같은 제품, 같은 회사, 같은 장소에서 구입하도록 상황을 창출해 나가는 것이다.

1) 고객 만족의 중요성

① 한 기업이 제공하는 상품 및 서비스에 만족한 고객은 다시 그 기업의 상품을 구입하게 되고 고정고객이 된다.

② 마케팅 비용의 효율성을 제고해 준다. 만족한 고객은 주변사람들에게 구매를 유도하는 구전효과가 있다.

③ 고객이 만족하면 가격우위 효과를 가질 수 있다. 고객 만족도가 높은 기업은 경쟁사에 비해 높은 가격 수준을 책정할 수 있으므로 가격우위 효과를 통해 장기적인 관점에서 높은 이윤을 창출할 수 있다.

④ 판매비용을 절감할 수 있다. 만족한 고객에게는 처음 구매비용보다 조금 더 저렴한 비용으로 재구매를 유도할 수 있다.

고객 만족 체크 포인트

고객 만족도 체크 리스트		O	X
1	오늘 받으신 서비스는 만족하셨습니까?		
2	시술가격은 만족하셨습니까?		
3	불편한 부분이 있으셨나요?		
4	음료 서비스는 적절했나요?		
5	직원들의 응대 서비스는 만족하셨나요?		

2. 홈케어 설명하기

- 고객들의 시술별 상황에 맞는 홈케어에 대한 설명을 해 주어야 한다.
- 샴푸 후 타월 드라이로 젖은 모발을 충분히 말려 준다.
- 모발 손상을 막기 위해 에센스 사용을 권장한다.
- 드라이기나 컬링기에 대한 과도한 열 사용은 모발 손상을 일으킬 수 있으니 주의사항에 대해 설명해 드린다.
- 헤어스타일링 제품에 대한 적정한 사용법을 설명해 드린다.

3. 재방문 시기 안내하기

재방문 의도에 가장 많은 영향을 미치는 요인은 고객의 만족과 불만족이다. 이러한 요인은 고객이 지각한 서비스 품질에 의해 영향을 받으며 재방문과 직접적인 인과관계가 있다. 서비스에 대한 고객의 평가가 좋으면 고객의 재방문 의사는 커질 것이고 평가가 나쁘면 작아질 것이다.

	구분 내용	응대 멘트
커트 시술 후	남성고객	고객스타일에 맞게 2~4주 후 예약을 잡도록 안내한다.
	여성고객	여성의 경우 3~4주 후 내방을 권유한다.
	비고	
염색 시술 후	남성고객	새치 염색일 경우 1개월 후 재방문을 권유한다.
	여성고객	멋내기 염색 시 2~3개월 후 재방문을 권유한다.
	비고	
펴머 시술 후	남성고객	20일 전후로 모발을 정리할 수 있도록 재방문을 권유한다.
	여성고객	20일 전후로 모발을 정리할 수 있도록 재방문을 권유한다.
	비고	

	구분 내용	응대 멘트
커트 시술 후	남성고객	
	여성고객	
	비고	
염색 시술 후	남성고객	
	여성고객	
	비고	
퍼머 시술 후	남성고객	
	여성고객	
	비고	

4. 제품 추천 구매 돕기

고객에게 부담감을 주고자 하는 마음이 아닌 고객에게 꼭 필요한 제품을 추천하는 마음으로 접근해야 한다.

제품	설명
샴푸	• 모발과 두피에 있는 노폐물과 먼지를 세정하는 데 사용한다. • 고객들의 모발 상태에 따라 제품을 권유한다.
컨디셔너	• 샴푸 후 모발에 매끄러움을 주고, 정전기를 방지해 준다. • pH 농도를 맞추기 위해 사용한다.
에센스	• 스타일링 시술 전 열로부터 모발을 보호하기 위해 사용된다. • 시술 후 모발에 윤기를 주고 정전기 방지를 위해 마무리용으로 사용된다.
스프레이	• 모발 형태의 순간적인 고정이 가능하다. • 헤어스타일링 맨 마지막에 사용한다.
왁스	• 왁스는 주로 짧은 모발의 포인트 고정을 위해 사용된다. • 굳지 않아 변형이 가능하다.
젤	• 젤은 단단한 모발의 고정을 원할 때 사용된다. • 촉촉한 느낌으로 모발을 고정할 수 있다.
포마드	• 포마드는 젤보다는 유분기를 함유하고 있어 고정력이 많이 떨어진다. • 남성 헤어스타일링에 많이 사용된다.

제품	설명
샴푸	
컨디셔너	
에센스	
스프레이	
왁스	
젤	
포마드	

Lesson 6

정산 고객 응대하기

1. 현금 지불

- 현금 영수증
- 현금 받은 후 잔돈 지급 방법(계산서와 함께 잔돈 확인하기)

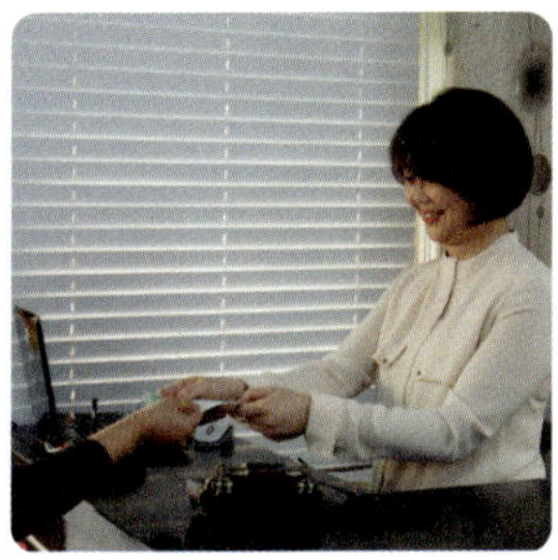

상담자	고객
예 고객님, 현금 20,000원 받았습니다. 현금 영수증 해 드리겠습니다. 번호 말씀해 주시겠습니까?	네, 감사합니다. 010-0000-0000입니다.

2. 카드 지불

- 고객으로부터 받은 카드 확인하기
- 카드 결제 후 서명 확인하기
- 영수증과 카드 동시에 반납하기

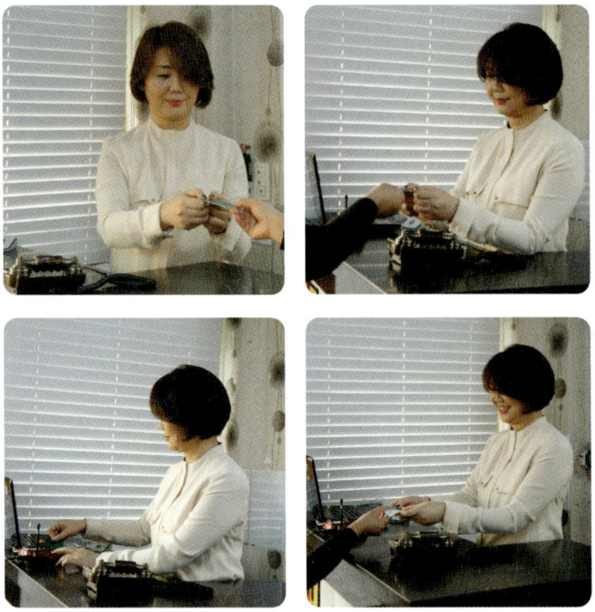

상담자	고객
예 고객님 ○○카드 받았습니다. 100,000원 결제 도와드리겠습니다. 일시불이신가요?	아니요. 5개월 할부로 해 주세요.

3. 포인트 적립

1) 포인트 적립 시 활용 방법 설명하기

고객	상담자
포인트 혜택에 대해 알고 싶어요.	예 고객님 저희 샵에서는 포인트를 적립해 드립니다. 적립카드를 만들어 드릴까요?

4. 선불카드 및 제휴카드 사용하기

- **선불카드 설명 및 만들기:** 선불카드를 활용할 경우의 혜택과 몇 %의 할인이 되는지 자세하게 설명한 후 고객의 의견에 맞춰서 카드를 작성하고 발부한다.
- **제휴카드의 할인행사 안내:** 제휴카드의 경우 할인행사 기간에는 고객이 이용할 수 있도록 자세하게 안내문을 비치하여 둔다.

고객	상담자

Beauty Customer Service

Lesson 7

배웅하기

1. 인사하기

- 신규 고객일 경우 담당 디자이너의 명함 제공(홈케어나 불만 사항에 대비)
- 재방문 일정 확인하기(문자 발송 인지시키기)
- 고객과 마지막까지 눈을 마주치며 밝은 미소로 인사하기
- 일손을 잠시 멈추고 고객을 배웅해야 한다. 고객은 마지막의 인사말과 표정을 기억한다.

시술자 응대 멘트	
신규 고객	
재방문 고객	

2. 엘리베이터 안내하기

- 층수를 눌러 준 후 배웅
- 눈을 마주치며 인사

시술자 응대 멘트

3. 주차 확인해 주기

- 주차한 장소 확인 후 주차증 확인 처리

시술자 응대 멘트

마무리 고객관리 셀프 체크리스트

학습내용	평가내용	자기평가		
		미흡	보통	우수
고객 만족	고객 만족의 중요성을 알고 있다.			
	고객에게 만족 체크리스트를 받을 수 있다.			
홈케어 안내	고객에게 홈케어 방법 및 제품에 대해 안내할 수 있다.			
재방문 안내	고객에게 재방문 안내를 할 수 있다.			
정산 안내	현금지불 고객을 응대할 수 있다.			
	카드지불 고객을 응대할 수 있다.			
	제휴카드 또는 포인트 적립에 대하여 안내할 수 있다.			
배웅하기	신규 고객 및 재방문 고객에게 재방문을 안내할 수 있다.			
	주차 안내를 할 수 있다.			
	엘리베이터까지 안내 후 인사할 수 있다.			

Chapter 3

서비스 사후 관리

Lesson 1 불만 고객 응대하기

Lesson 2 뷰티 서비스 기관 현장체험

Lesson 3 고객 관리하기

Beauty Customer Service

서비스 사후 관리의 중요성

고객 불만이란 고객이 유·무형적 상품을 구매하는 과정에서나 구매한 상품의 품질불량, 서비스에 대한 불만을 말한다. 고객 불만에는 클레임과 컴플레인으로 나누어 볼 수 있다. '클레임(Claim)'은 상품거래 과정에서 수량이나 품질에 대한 위반 사항이 있을 때 제기되는 객관적인 불만을 말한다.

예를 들어, 고객이 미용서비스를 받기 위해 전화로 예약을 했는데 예약이 되어 있지 않은 경우이다. '컴플레인(Complain)'은 상대방의 잘못된 행위로 인해 불만을 갖게 되는 주관적인 불만을 말한다. 예를 들어, 서비스 제공자의 태도나 언어적 표현 등에 대한 개인의 주관적인 불만을 말한다.

서비스산업이 발달할수록 산업계의 두드러진 특징 중의 하나는 고객 불만의 목소리가 더욱 적극적이라는 것이다. 이러한 고객의 불편의 목소리는 서비스를 제공하는 입장에서는 힘들고 어려운 일이지만, 반면에 매우 환영해야 할 중요한 정보이다. 대부분의 고객은 불만이 있을 때 표현하지 않고 그 제품을 사용하지 않거나 서비스 이용 자체를 포기한다. 심지어 외부에 나가 더 확대된 불만을 터뜨리기 십상이다. 이를 예방하기 위해 불만을 표현하는 고객의 소리를 잘 들어주고 개선해 준다면 충분히 단골고객이 될 수 있다.

고객 불만의 중요성

1. 문제점 파악 및 예방

한 조사 결과에 의하면, 한 명의 고객의 불만 표현은 같은 문제를 경험한 20명 중의 하나라고 한다. 따라서 고객 불만으로 서비스 이용자의 미충족 욕구와 문제점을 파악할 수 있다. 이를 통해서 새로운 서비스 아이디어로 활용할 수 있다.

2. 부정적 입소문의 방지

고객의 불만을 만족스럽게 해결하면 부정적인 입소문의 확산을 방지할 수 있다. 한 조사에 의하면 불만은 감추는 고객 26명 중 4명은 20명 이상에게 부정적인 이야기를 전달한다고 한다.

3. 고객이탈 방지

고객의 불만 사항을 만족스럽게 해결해 주면, 고객은 해결해 준 서비스 제공자에게 신뢰과 만족을 갖게 되고, 이를 계기로 지속적으로 서비스를 제공 받고자 한다.

Beauty Customer
Service

Lesson 1

불만 고객 응대하기

1. 응대 방법 및 멘트

1) 불만족 사항 및 사유 파악하기

(1) 고객 응대 과정에서 불만

① 불만 원인

- 무성의, 무관심, 상품정보 부족, 상품구매 강요, 비위생적 환경, 태도 불량

② 응대 멘트

- 고객의 불쾌한 감정까지 보상해 주겠다는 태도를 보인다.
- 잘못을 가리기 전에 고객에게 먼저 사과한다.
- 고객 불만을 경청하고, 고객의 감정을 공감한다.

(2) 약속 불이행에 따른 불만

① 불만 원인

- 예약 시간 지연, 약속한 시술 시간 지연

② 응대 멘트

- 고객에게 먼저 정중히 사과한다.
- 사전 통보 여부 및 진행 경과 등을 정확히 파악한다.
- 고객의 요구사항(환불, 신속 처리, 지연 보상 등)을 정확히 파악한다.
- 당사 규정을 확인하고 신속히 대처한다.

(3) 서비스 및 가격에 대한 불만

① 불만 원인

- 시술 결과 불만, 안내 가격과 실제 가격의 차이, 관리 후 부작용, 제품 품질 불만

② 응대 멘트

- 사실 확인에 앞서 먼저 고객에게 사과한다.
- 안내 가격과 실제 가격에 차이가 있을 경우 신속히 사과하고 보상한다.
- 훈련된 디자이너나 관리사를 배치하여 고객의 요구를 충족시킬 수 있도록 한다.

(4) 교환 및 환불에 대한 불만

① 불만 원인

- 기대 이하의 시술 결과, 유통기한이 경과된 제품, 시술 후 부작용, 트러블

에 대한 불만 등이다.

② 응대 멘트

- 교환, 환불 접수 시 고객 불만족 사항을 경청하고 공감한다.
- 당사에 귀책 사유가 있을 경우 신속히 사과한 후 교환, 환불 처리를 한다.
- 보상 판단 기준은 당사 규정에 의거한다.

(5) 안전사고에 따른 불만

① 불만 원인

- 매장 관리 소홀로 인한 도난, 고객 부주의로 인한 소지품 분실에 대한 불만 등
- 고객 부주의 또는 제3자의 의한 차량 사고 등이다.
- 매장 이용시설 및 설치물에 의한 사고 등이다.

② 응대 멘트

- 사고 발생 즉시 담당자에게 보고한다.
- 고객의 안전을 확인하고, 고객을 안정시킨다.
- 사고 경위를 파악해 적극적으로 해결의지를 표명한다.
- 고객 부주의에 의한 경우 고객 부담을 원칙으로 한다.

2. 불만 고객을 응대하는 여섯 가지 행동 원칙

1) 경청하기

불만 고객의 문제 해결을 위한 경청은 "고객이 어떤 불만을 가지고 있는가"를 정확히 알고자 함이다. 따라서 옳고 그름을 가리는 시비로 생각하고 고객의 말을 끊지 말고 끝까지 경청해야 한다. 경청하고 탐색하며 이해하지 못한 부분은 고객의 말이 끝난 후 질문하고 메모하는 습관을 가지고 있어야 한다. 이러한 방법으로 고객의 불만 내용을 정확하게 재확인할 수 있다.

2) 이해하고 공감하기

이전 단계에서 고객의 불만 사항을 사실적으로 알았다면, 이 단계에서는 불만이 있는 고객의 마음을 이해하고 공감하는 단계이다. "고객님께서 ○○ 부분 때문에 많이 속상하셨군요" 등과 같은 언어적 표현을 통해 고객의 입장과 감정을 이해하는 것이다. 이는 고객의 불만을 사항에 대해 마음을 다해 적극적으로 문제해결을 위해 노력하겠다는 표현이 될 수 있다.

3) 사과하기

고객의 불만 사항이 무엇인지 알고, 마음을 이해했다면 죄송한 마음을 표현하는 것이 바람직하다. 진심으로 사과하되 잘못한 부분을 정확히 밝히고 사과를 해야 하며 무조건적인 사과의 반복은 오히려 고객에게 형식적이고 무성의한 느낌을 줄 수 있다.

4) 해결 방법을 모색하기

정확하면서도 해 줄 수 있는 대안을 구체적으로 제시하며 고객의 선택을 기다린다. 만일 사안이 도저히 돌이킬 수 없는 경우라면 최대한 고객에게 솔직히 말씀드린 후 다른 보안책이나 보상을 한다. 이런 방법은 같은 문제를 되풀이해서 이야기하고 서로를 비난하는 대신에 고객과 서비스 제공자가 함께 문제 해결에 집중할 수 있게 해 준다.

5) 실행하기

고객과 함께 협의하고 동의한 문제 해결을 위한 방법을 바로 실행해야만 한다. 이는 고객이 서비스 제공자로부터 고객에게 최선을 다해 문제를 해결하고자 함을 보여 주며, 이로 인해 서비스 제공자와 기업에게 신뢰감을 심어 줄 수 있기 때문이다.

6) 감사하기

고객의 불만 사항에 대해 표현해 주시는 것에 대해서 감사함을 드러낸다. 이는 고객의 불만 사항을 표현해 줌으로써 서비스 제공자가 지나칠 수 있는 문제를 확인하고, 이를 통해 문제를 미리 예방하거나 최소화할 수 있는 기회이기 때문이다.

3. 불만 고객 사후 관리

1) 결과안내 및 만족도 확인

클레임 응대 프로세스와 결과는 데이터로 남겨 두도록 한다. 응대 사례와 관련 데이터가 있으면 모든 직원이 함께 사례를 통해서 배울 수 있다. 대응 지침, 판단 기준으로 매장이나 기업의 방침을 알게 되고 클레임 대응력을 향상시키는 결과를 가져온다.

클레임 해결 이후 고객에게 전화나 메일 또는 친필 편지를 통해 고객의 사후 만족도를 확인한다.

참고사항

사례 1. 미용시술 요금에 따른 불만 사항

다양한 서비스 및 추가 요금시술에 대한 요금을 제대로 고객에게 명시하지 않아 시술 후 과도한 추가요금에 따른 불만이 많이 발생하고 있다. 고객과 상담을 할 때 추가되는 요금에 대해 자세하게 설명할 필요가 있다.

사례 2. 염색시술 시 염색약에 대한 부작용 증상에 대한 불만 사례

염색약에 따라 발생할 수 있는 색소성 접촉피부염 등과 같은 부작용에 대해 고객에게 설명을 하고 사전 테스트를 거친 후 염색 시술을 할 수 있도록 해야 한다.

사례 3. 담당 직원이 자주 교체되어 불편함을 호소하는 경우

특성상 높은 이직률을 보이고 있는 미용실의 직원들 때문에 고객이 본인의 스타일, 모발의 특성 등을 다시 설명해야 하는 번거로움이 있다. 고객 체크리스트에 좀 더 자세한 고객에 대한 설명을 적시해야 한다.

사례 4. 모발 손상에 따른 불만 사례

모발보호를 위해 비싼 클리닉을 추가 요금으로 지불하고 시술했음에도 불구하고 기대했던 것보다 손상도가 심해 고객의 불만이 초래될 수 있으니 시술 전 결과에 대한 추가 설명이 꼭 필요하다.

사례 5. 대기 시간을 이야기해 주지 않고 20분 이상 기다릴 때

대기 시간이 20분 이상일 때는 사전 양해를 구해야 한다.

사례 6. 고객이 불렀음에도 직원 모두 바빠서 미처 응대하지 못했을 때

아무리 바빠도 직원 누군가는 잠시만 기다려 주시면 바로 응대해 드리겠다고 고객 요청에 답을 준다.

사례 7. 고객은 말없이 제스처로도 불만을 표시할 수도 있다

네이프쪽 머리를 자꾸 아래로 잡아당기면 짧다는 의미이므로 더 펴 준다든지 의사를 여쭤 본다. 또한 탑부분의 머리를 자꾸 잡아 올리면 볼륨이 부족하다는 무언의 불만 표시이므로 의견을 물어보고 볼륨을 더 살려 주어야 한다.

사례 8. 고객이 원하는 스타일을 충분히 듣고 시술에 들어가야 한다

퍼머 시술 시 컬의 굵기를 고객과 잘 소통하여 조율하지 않으면 전혀 다른 느낌이라고 불만을 제시할 수 있으므로 원하는 웨이브 사진을 2~3개 제시해 주거나 찾아본 사진이 있는지 여쭤 보고 충분한 상담 후 시술한다.

사례 9. 염색 시술 시 고객이 원하는 컬러를 정확히 파악해야 한다

염색 시술 시 "밝게 해 주세요"라고 했을 때 고객과 디자이너의 눈높이가 달라서 불만이 생길 수 있다. 염색 차트를 활용하여 기대 수준을 낮춰 주어야 하며, 탈색 수준의 밝기임을 정한 다음 시술에 임해야 한다.

사례 10. 헤어 커트 시 고객과의 의사소통은 정확하게 접근해야 한다.

"알아서 단발로 해 주세요"라고 했을 때 귀밑머리에 가까운 커트를 해 주면 "얼굴이 커 보인다", "너무 짧다" 등으로 불만을 제시할 수 있으니 "턱선 정도는 어떠세요"라고 구체적으로 알려 주면서 손으로 길이를 정확히 알려 표시해 준다.

4. 사례 연구

1) 사례 내용

한 고객이 오후 7시에 와서 예약한 ○○○이라고 한다. 그러나 예약 기록에는 오늘 7시뿐만 아니라 다른 날에도 예약이 없었다. 이 사실을 고객에게 말씀드렸더니 매우 화를 냈다. 이전에도 이러한 일이 있었다면서 어제 분명하게 오후 2시쯤에 전화로 예약했다고 했다. 그러면서 고객은 점점 더 화를 표현했으며 당장 조치를 취해 달라고 요구한다.

2) 대처 방법

다음의 대처 원칙에 의거하여 구체적인 고객 응대 멘트를 작성하고 연습한다.

행동 원칙	내용
경청하기	
이해하고 공감하기	
사과하기	
해결 방법 모색하기	
실행하기	
감사하기	

Worksheet

<table>
<tr><th colspan="4">고객 불만 처리결과 보고서</th></tr>
<tr><td>접수일지</td><td></td><td rowspan="2">불만
제공자</td><td>이름:</td></tr>
<tr><td>접수자</td><td></td><td>Tel:</td></tr>
<tr><td>접수방법</td><td colspan="3"></td></tr>
<tr><td>불만내용</td><td colspan="3"></td></tr>
<tr><td>처리계획</td><td colspan="3"></td></tr>
<tr><td>처리결과</td><td colspan="3"></td></tr>
<tr><td>조치 후
상황</td><td colspan="3"></td></tr>
<tr><td>비고</td><td colspan="3"></td></tr>
</table>

Lesson 2

뷰티 서비스 기관 현장체험

1. 미용실 방문 보고서 작성하기

미용실 방문 보고서

1. 이름:
2. 방문 일시:
3. 방문처 정보
   - 상호:
   - 연락처:
   - 위치:
4. 체험 내용

____

____

5. 체험 후 느낀 점

____

____

2. 피부관리실 방문 보고서 작성하기

피부관리실 방문 보고서

1. 이름:
2. 방문 일시:
3. 방문처 정보
   - 상호:
   - 연락처:
   - 위치:
4. 체험 내용

5. 체험 후 느낀 점

3. 메이크업 체험 보고서 작성하기

메이크업 체험 보고서

1. 이름:
2. 방문 일시:
3. 방문처 정보
   - 상호:
   - 연락처:
   - 위치:
4. 체험 내용

5. 체험 후 느낀 점

4. 네일 체험 보고서 작성하기

네일 체험 보고서

1. 이름:
2. 방문 일시:
3. 방문처 정보
   - 상호:
   - 연락처:
   - 위치:
4. 체험 내용

5. 체험 후 느낀 점

5. 바버샵 방문 보고서 작성하기

바버샵 체험 보고서

1. 이름:
2. 방문 일시:
3. 방문처 정보
   - 상호:
   - 연락처:
   - 위치:
4. 체험 내용

5. 체험 후 느낀 점

Beauty Customer
Service

Lesson 3

고객 관리하기

1. 고객 데이터베이스 관리하기

고객 데이터베이스의 관리를 위해 다음 사항을 참고해야 한다.

「개인정보 보호법 시행령」

[시행 2019. 1. 1.] [대통령령 제29421호, 2018. 12. 24. 타법개정]

▣ 개인정보의 안전성 확보 조치

1. 개인정보의 안전한 처리를 위한 내부 관리계획의 수립 · 시행
2. 개인정보에 대한 접근 통제 및 접근 권한의 제한 조치
3. 개인정보를 안전하게 저장 · 전송할 수 있는 암호화 기술의 적용 또는 이에 상응하는 조치
4. 개인정보 침해사고 발생에 대응하기 위한 접속기록의 보관 및 위조 · 변조 방지를 위한 조치

5. 개인정보에 대한 보안프로그램의 설치 및 갱신

6. 개인정보의 안전한 보관을 위한 보관시설의 마련 또는 잠금장치의 설치 등 물리적 조치

▣ 개인정보 처리방침의 내용 및 공개방법 등

1. 처리하는 개인정보의 항목
2. 개인정보의 파기에 관한 사항

* 개인정보처리자의 사업장 등의 보기 쉬운 장소에 게시하는 방법

▣ 개인정보 보호책임자의 업무 및 지정요건 등

1. 개인정보 처리방침의 수립 · 변경 및 시행
2. 개인정보 보호 관련 자료의 관리
3. 처리 목적이 달성되거나 보유기간이 지난 개인정보의 파기

2. 고객정보 활용 동의서 받기

고객정보를 활용하기 위해서는 「개인정보 보호법」에 의거하여 동의서를 받아야 한다. 「개인정보 보호법」은 개인정보의 처리 및 보호에 관한 사항을 정함으로써 개인의 자유와 권리를 보호하고, 나아가 개인의 존엄과 가치를 구현함을 목적으로 한다(「개인정보 보호법」 [시행 2017. 10. 19.] [법률 제14839호, 2017. 7. 26, 타법개정]).

이에 고객정보 활용 동의서를 받고자 할 때는 다음 사항을 참조하여 작성한다.

▣ 개인정보의 제공 및 동의

1. 개인정보를 제공받는 자
2. 개인정보를 제공받는 자의 개인정보 이용 목적
3. 제공하는 개인정보의 항목
4. 개인정보를 제공받는 자의 개인정보 보유 및 이용 기간
5. 동의를 거부할 권리가 있다는 사실 및 동의 거부에 따른 불이익이 있는 경우에는 그 불이익의 내용
6. 개인정보의 파기: 개인정보처리자는 보유기간의 경과, 개인정보의 처리 목적 달성 등 그 개인정보가 불필요하게 되었을 때에는 지체 없이 그 개인정보를 파기하여야 한다. 다만, 다른 법령에 따라 보존하여야 하는 경우에는 그러하지 아니하다.

(동의를 받는 방법)

① 개인정보처리자는 이 법에 따른 개인정보의 처리에 대하여 정보주체(제6항에 따른 법정대리인을 포함한다. 이하 이 조에서 같다)의 동의를 받을 때에는 각각의 동의 사항을 구분하여 정보주체가 이를 명확하게 인지할 수 있도록 알리고 각각 동의를 받아야 한다.

〈개정 2017. 4. 18.〉

② 개인정보처리자는 제1항의 동의를 서면(「전자문서 및 전자거래 기본법」 제2조제1 호에 따른 전자문서를 포함한다)으로 받을 때에는 개인정보의 수집 · 이용 목적, 수집 · 이용하려는 개인정보의 항목 등 대통령령으로 정하는 중요한 내용을 행정안전부령으로 정하는 방법에 따라 명확히 표시하여 알아보기 쉽게 하여야 한다. 〈신설 2017. 4. 18., 2017. 7. 26.〉

▣ **개인정보의 처리 제한**

- 민감정보의 처리 제한
- 고유식별정보의 처리 제한
- 주민등록번호 처리의 제한
- 영상정보처리기기의 설치 · 운영 제한

등이 법령으로 시행되므로 구체적인 내용을 필요에 따라 작성하여 동의를 각각 받아야 한다.

3. 시술 요금 사전고지 확인서 받기

미용서비스 최종지불가격 사전제공 의무화(2017.11.16. 시행일)

3가지 이상 서비스 제공 시 이용자에게 개별 서비스의 최종지불가격 및 전체 서비스의 총액 내역서를 미리 제공하며, 내역서 사본을 1개월간 보관한다.

▣ **총액 내역서 미제공 시 행정처분기준 신설**

1차 경고 → 2차 영업정지 5일 → 3차 영업정지 10일 → 4차 영업정지 1월

▣ **3가지 이상 항목 판단기준**

헤어미용: 통상적인 미용서비스 항목의 기본요금 외에 추가한 행위나 제품은 별도의 항목으로 봄

예시)

상세주문내역서

■ 업소명:

고객명	○ ○ ○		
담당자	○ ○ ○		
서비스 내용	기본요금	추가요금	비고
매직세팅펌	100,000 ①	20,000 ④	기장 추가
		20,000 ⑤	A사 퍼머제
염색	50,000 ②	10,000 ⑥	기장 추가
		10,000 ⑦	B사 염모제
모발크리닉	40,000 ③		
총 합계	250,000원		
할인내역	20,000원(평일 오전 할인)		
지불내역	230,000원 카드 □ 현금 □		

4. SMS, DM, 온라인 등을 활용한 정보 제공하기

서비스 사후 관리 셀프 체크리스트

<table>
<tr><th rowspan="2">학습내용</th><th rowspan="2">평가내용</th><th colspan="3">자기평가</th></tr>
<tr><th>미흡</th><th>보통</th><th>우수</th></tr>
<tr><td rowspan="3">불만 고객 응대하기</td><td>고객 응대 과정에서 고객의 요구사항을 파악할 수 있다.</td><td></td><td></td><td></td></tr>
<tr><td>사실 확인에 앞서 고객에게 사과할 수 있다.</td><td></td><td></td><td></td></tr>
<tr><td>불만 고객의 여섯 가지 행동원칙을 준수할 수 있다.</td><td></td><td></td><td></td></tr>
<tr><td rowspan="2">뷰티 서비스 기관 현장체험</td><td>미용 산업체 방문 기획을 스스로 할 수 있다.</td><td></td><td></td><td></td></tr>
<tr><td>미용 산업체 종사자들에게 본인을 소개할 수 있다.</td><td></td><td></td><td></td></tr>
<tr><td rowspan="2">고객관리하기</td><td>예약 상황을 파악할 수 있다.</td><td></td><td></td><td></td></tr>
<tr><td>예약 카드를 작성할 수 있다.</td><td></td><td></td><td></td></tr>
</table>

참고문헌

김세정, 이유미, 장순남(2016). 서비스인을 위한 고객관계관리(개정판). 서울: 구민사.

노정은, 최영희(2012). 감정서비스를 기반으로 한 뷰티산업의 서비스 매뉴얼. 한국뷰티경영학회지, 1(1), 75-83.

박연희, 심윤정, 임성은, 박희정(2017). CS관리실무. 경기: 양성원.

박혜정(2010). 고객서비스실무. 서울: 백산출판사.

성호영(2016). 미용실전서비스. 서울: 훈민사.

송영우, 정미영(2009). 미용경영을 위한 서비스 마케팅. 서울: 청람.

심윤정, 고샛별, 최욱희, 이수명(2017). 서비스 마인드와 글로벌 매너. 경기: 양성원.

이상욱, 임은진, 정미영, 최우석(2007). 미용경영. 서울: 청람.

이화인(2014). 서비스 고객의 심리와 행동. 서울: 기문사.

최인희, 김구옥, 박희정, 이수정, 진서현(2018). Real 이미지 캐스팅. 경기: 양성원.

Hill C. E., & O'Brien K. M. (1999). *Helping skills: facilitating exploration, insight and action.* Washington, DC: American Psychological Association.

Parasuraman, A., Berry, L. L., & Zeithaml, V. A. (1991). Refinement and Reassessment of the SERVQUAL Scale. *Journal of Retailing, 67*(4), 420-450

Parasuraman, A., Zeithaml, V. A. & Berry, L. L. (1988), SERVQUAL: A Multi-Item Scale for Measuring Consumer Perceptions for Service Quality. *Journal of Retailing, 64*(1), 12-40.

https://brunch.co.kr/@flyingcity/57

http://eduforus.org/board_ghAy19/1045

찾아보기

[ㄱ]

개인정보 보호법 시행령 / 203
경청 / 54
고객 데이터베이스 / 203
고객 만족도 / 169
고객 불만 / 185
고객 상담 / 109
고객 서비스 / 13
고객 응대 / 63, 101
고객정보 활용 동의서 / 204

[ㄴ]

니즈(needs) / 15

[ㄷ]

대인지각 / 37

[ㅁ]

말하기 / 57
목례 / 71
무형성 / 21

[ㅂ]

바른 자세 / 78
배웅하기 / 179
보통례 / 71
불만 고객 / 187
비분리성 / 22
비언어적 걸림돌 / 52
비언어적 의사소통 / 48

[ㅅ]

사전 샴푸 / 119
상세주문내역서 / 207
서비스 사후 관리 / 184
서비스 제공자 / 33
서비스 품질 / 29
소멸성 / 22
시술 시작 매뉴얼 / 119
시술 요금 사전고지 확인서 / 206
시장 세분화 / 19
신체언어 / 50
심리적 걸림돌 / 53

[ㅇ]

언어적 걸림돌 / 52
언어적 의사소통 / 47
염색 / 153
외향적 이미지 / 50
응대 서비스 / 101
의사소통 / 43
의사언어 / 50
이미지 / 36
이질성 / 21
인사하기 / 68
인성 / 34

[ㅈ]
자기소개하기 / 63
재방문 / 171
전화 응대 / 85
정산 고객 / 175
정중례 / 72

[ㅊ]
첫인상 / 39

[ㅋ]
카드 지불 / 176
커뮤니케이션 / 43
커트, 드라이 고객 / 125
컴플레인 / 184
클레임 / 184

[ㅍ]
퍼머 고객 / 137
포인트 적립 / 177
포지셔닝 전략 / 20
표적시장 / 20
표정 / 76

[ㅎ]
현금 지불 / 175
현장체험 / 197
홈케어 / 170
환경적 걸림돌 / 53

ENCOURAGES / 55
I-Message 전달법 / 58

저 / 자 / 소 / 개

▪ 김효림

숙명여자대학교 대학원 미용예술학석사
현) 정화예술대학교 미용예술학부 미용전공 전임교수

▪ 서현경

경기대학교 서비스경영전문대학원 서비스컨설팅 박사 수료
현) 한양여자대학교, 한국폴리텍대학 교양학부 외래교수

▪ 황혜원

숙명여자대학교 대학원 교육학박사
현) 건국대학교 융합혁신교육센터 교수

뷰티 고객 서비스 실무

1판 1쇄 인쇄 — 2025년 2월 3일
1판 1쇄 발행 — 2025년 2월 7일

저　　자 - 김효림 서현경 황혜원
발 행 인 - 강철원
발 행 처 - 양성원
주　　소 - 경기도 파주시 검산로 173번길 29-12
전　　화 - 031-946-3861(代)
팩　　스 - 031-946-3864
이 메 일 - tnwpub@naver.com
홈페이지 - tnwpub.co.kr
출판등록 - 2015년 8월 31일 제 2015-000211 호

ISBN 979-11-6126-608-4

정가 21,000원